本书由深圳市哲学社会科学规划课题资助（项目编号SZ2020B021）

时间银行与志愿公益

贾海霞　周礼红 ◎ 编著

海天出版社
HAITIAN PUBLISHING HOUSE
·深圳·

图书在版编目（CIP）数据

时间银行与志愿公益 / 贾海霞，周礼红编著. — 深圳：海天出版社，2022.2
ISBN 978-7-5507-3346-6

Ⅰ. ①时… Ⅱ. ①贾… ②周… Ⅲ. ①养老 – 服务模式 – 研究 – 中国 Ⅳ. ①D669.6

中国版本图书馆CIP数据核字(2021)第237772号

主　编：贾海霞　周礼红
副主编：代　军　赵　亮
编　委：贾海霞　周礼红　代　军　赵　亮
　　　　崔赫兰　汪　琳

时间银行与志愿公益
SHIJIAN YINHANG YU ZHIYUAN GONGYI

出品人	聂雄前
责任编辑	孙　艳
责任技编	梁立新
封面设计	龙墨文化 0755-83461000
出版发行	海天出版社
地　址	深圳市彩田南路海天综合大厦（518033）
网　址	www.htph.com.cn
订购电话	0755 – 83460239，13688802501（邮购、团购）
设计制作	深圳市龙墨文化传播有限公司（电话：0755 – 83461000）
印　刷	深圳市新联美术印刷有限公司
开　本	787mm × 1092mm　1/16
印　张	14.25
字　数	160千
版　次	2022 年 2 月第 1 版
印　次	2022 年 2 月第 1 次
定　价	49.00 元

前　言

2021年是中国共产党成立100周年，学党史、悟思想、办实事、开新局成为历史新的要求，习近平新时代中国特色社会主义思想为中华民族复兴提供强大动力。

如何先行示范习近平新时代中国特色社会主义思想？这一历史重担又将降于深圳经济特区。2019年中共中央、国务院印发《关于支持深圳建设中国特色社会主义先行示范区的意见》，明确提出深圳要建设成为城市文明典范与民生幸福标杆，率先探索全面建设社会主义现代化强国的新路径，为实现中华民族伟大复兴的中国梦提供有力支撑。深圳时间银行的建设与民生幸福标杆在思想层面具有高度一致性，与城市文明典范文化内核具有高度一致性。

本书共分为七个部分：第一部分，时间银行的兴起与理论基础；第二部分，中国时间银行与互助养老服务；第三部分，深圳时间银行与中国特色社会主义先行示范区建设的内在关联；第四部分，深圳时间银行对深圳建设中国特色社会主义先行示范区的启示；第五部分，深圳建设时间银行SWOT分析；第六部分，深圳建设时间银行的目标；第七部分，深圳建设时间银行的对策建议。

本书试图以深圳时间银行建设推进深圳建设中国特色社会主义先行示范区，进而为践行习近平新时代中国特色社会主义思想贡献绵薄之力，也为庆祝中国共产党建党100周年奉献“幸福”之礼。

引　言

“路漫漫其修远兮，吾将上下而求索。”出这本书是我近八年来的愿望，在书稿将完成之际，要表达些什么，许多天来一直困扰着我。

三天前偶然看到深圳电视台财经生活频道的《改变世界》栏目正在播放苏勇教授访谈宁高宁（在世界500强的4家中国企业里做过董事长），节目提到宁高宁的文章《你行吗？》（下图节选）中，讲述每一家企业的战略和战术……我突然有了提笔的冲动。

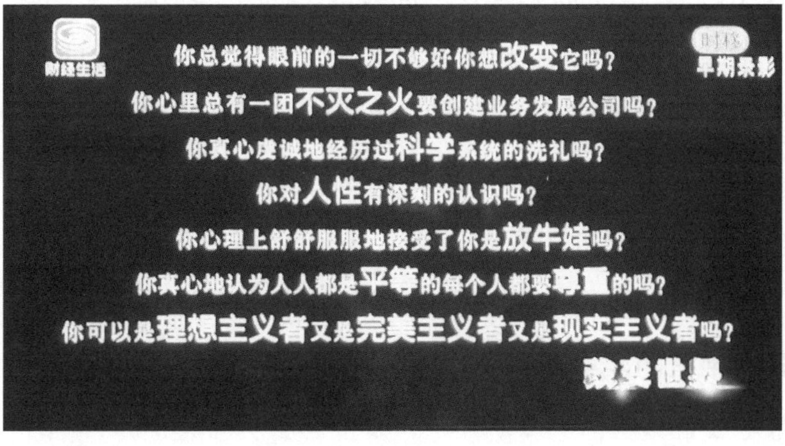

时间银行互助养老是需要充足资金支持的互联网＋志愿公益。八年的研究，四年的实践，我最大的体会是难度大，超过

当初的想象。时间银行互助养老当然有许多人探索，但在中国仍是“无人区”。2013 年退休之际，我研究养老领域，曾想着去开办或者管理一家养老院。调查后了解到，人口平均年龄不到三十岁的深圳，养老院勉强生存，几乎全靠政府补贴。于是，我便在从事其他行业的同时，研究、探索在养老行业里能做些什么。

“互助养老时间银行”进入我的视野，国外 1000 多家互助养老时间银行已经运营得很成熟。国内多个地区，政府和高校研究者先后开始自发性的尝试。深圳的特点是年轻人多，老年人少，这种方式是否适合？经过仔细探索发现，独生子女家庭群体的结构是 4∶2∶2，两个年轻人要负担起 4 个老人的养老重任和 2 个孩子的家庭压力，那么 60 岁群体的老年人养老最为适合互相帮助，互助养老时间银行应运而生。

2017 年 2 月，全国人大常委会副委员长万鄂湘到深圳调研，在时任深圳市卫生健康发展研究中心主任邵豪的支持下，我在会议上汇报了养老互助时间银行的方案，得到万副委员长的支持，指示深圳先行先试。当年的全国两会及广东省两会均有有关时间银行的提案。

2019 年 11 月，我受邀参加了在北京召开的中国老年学和中国老年医学学会组织的“时间银行”研讨会，会上还成立了志愿与公益分会。

在深圳，我从 2017 年 2 月开始尝试，又经过了两年时间的坚持，更加清晰了深圳互助养老时间银行的战略和战术，在社会各界的支持下，深圳市民政局于2019年6月19日正式批准成立一家社会慈善机构，对深圳互助养老时间银行模式进行研究，同时与我约法三章：1. 不准向老年人推荐任何产品，不做任何商业行为；2. 政府不出资金；3. 政府承诺可申请成立慈善基金长久运营。政府不出资金，那么前期我只能自己出资试点，像这样的政府试点项目，由个人出资成立的互助养老时间银行的社会机构试点运营在国内可能也为数不多。

从2019年6月19日到2021年6月1日，扣除疫情时期暂停工作，有大约一年的时间，我个人做了一些深圳失独、残独家庭的维稳及关爱工作，我们的机构探索了互助养老时间银行在不同社区的运营方式。深圳的各个社区人群组成不相同，社区规模大小不等，差异化较大，如：有股份公司原居民社区，有全部为商业地产社区，有政府建造的福利房社区，也有混合模式的社区……在初步的探索、探讨试行中，我切身体会了实施的难度，想让一位老年人去无私地帮助另外一位老年人，这必须有高度的思想认同，并付出行动。“一个人做一件好事容易，难的是一辈子都做好事”，试问你行吗？你可以吗？好在我们真的找到了自己的方式方法，并得到了深圳市民政局的认可，于2020年8月7日将互助养老时间银行正式写入了《深圳市构建高水平“1336”养老服务体系实施方案（2020—2025年）》里。

于是，深圳互助养老时间银行于2020年12月30日在盐田区正式开始试点工作。

在近两年的时间里，机构得到了除直接领导单位深圳市民政局的支持外，也得到了深圳市卫生健康委员会、深圳市委宣传部及深圳市文化广电旅游体育局的深圳市宣传文化事业发展专项基金、深圳市社会科学联合会课题研究基金、深圳市福田区卫生健康委员会、深圳市福田区委政法委社会建设专项资金的支持。也特别得到了北京301医院李小鹰主任、北京大学陆杰华教授、南方科技大学李凤亮教授等的支持。特别感谢福田区园岭街道长城社区党委书记宋明阳，长城社区第一个挂牌成立了社区养老互助时间银行。

当然也有碰壁的时候，在得到某社区党委书记的允许后，本人在做志愿者时，被上级有关部门通知不准许进入社区。当时我第一次感受到，做好事，为老年人服务，不取报酬做志愿者也不容易，我也第一次感受到了真心、爱心、不图名利、不求索取、只管付出也会被误解。怎么办？退缩吧！享受退休后老年人的快乐生活多好啊！但当我凌晨驱车30分钟去社区健康服务中心为老年人体检引路，搀扶行动不便的老年人上台阶，得到感谢；当我们在几十个社区为老年人过集体生日，唱生日歌时看到他们（特别是80岁以上老人）开心快乐得像孩子一样的笑容；当与低龄的老年志愿者一起入户关爱高龄老年人，畅谈人生，久久无法离开，感受到他们深深的眷恋时，拒绝、委屈、白眼、误解、嘲笑、冷言……都不算什么！老年人的开心才是我的追求，才是我的动力，更是我幸福的源泉！我也下定决心一定要宣传推广互助养老时间银行，直到得到社会接纳、实施。我这辈子总算自己主导出资做成了一件有益于老年人、有益于社会的事情，终生无憾！

这些年，每当我遇到困难、误解，疲惫不堪，在夜里想退缩时，是老年人的信任和信赖、期盼的眼神、开心的笑容、孤独的背影，是政府各部门的领导以及社会各界爱心人士和至爱亲朋的支持、鼓励，支撑着我前行，每当太阳升起时，我又铆足了劲，撸起袖子加油干，到社区去为老年人服务。我是大海里的一滴水，普通而又平凡，感谢这个时代，能让我做自己最感兴趣的事情，让互助养老时间银行在社区得以宣传、推广、试行、实施。也是这种对社会最基层生活的真真切切的体验，升华了我的思想，开阔了我的视野，感谢这个国泰民安、太平盛世的社会，感谢深圳市委市政府对老年人的关怀关切，让深圳老年人实实在在地过上了欢歌笑语的晚年生活。

想写的有许多，想感谢的也有许多、许多，不在此一一表达。特别要感谢周礼红教授以及海天出版社的工作人员为此书出版废寝忘食，加班加点地付出。同时因知识水平有限，资料搜集不够全面，书中可能有不当之处，也请读者及涉及的当事人给予原谅。我们的初衷是介绍这样一种对养老有帮助的模式给大家，谁都会变老，谁家都有老人，让我们老年人以及将来要成为老年人的年轻人爱心互助，和谐文明，让老年人享受美丽幸福的黄昏生活，微笑面对随时到来的人生终点，让这个社会更加美好吧。

贾海霞

于2021年6月

目 录
CONTENTS

第一章 时间银行的兴起与理论基础

一、时间银行源起 …… 3
二、国外时间银行的发展现状 …… 9
1. 日本时间银行 …… 9
2. 英国时间银行 …… 17
3. 美国时间银行 …… 25
4. 瑞士时间银行 …… 31
5. 德国时间银行 …… 36
6. 俄罗斯时间银行 …… 40
7. 希腊时间银行 …… 46
8. 新西兰时间银行 …… 52
三、理论基础 …… 56
1. 互助养老服务理论 …… 56
2. 社区照顾理论 …… 58

3. 人力资本理论 ……60
4. 需求层次理论 ……61
5. 社会资本理论 ……64
6. 社会交换理论 ……66
7. 福利多元主义理论 ……68
8. 积极老龄化理论 ……69

第二章　我国时间银行与互助养老服务

一、我国时间银行的发展现状 …… 76
1. 广州时间银行 ……77
2. 深圳时间银行 ……85
3. 长沙时间银行 ……94
4. 武汉时间银行 ……98
5. 南京时间银行 …… 106
6. 上海时间银行 …… 116
7. 杭州时间银行 …… 124
8. 北京时间银行 …… 132
二、我国时间银行的优势与不足 …… 139
1. 我国时间银行互助养老的优势 …… 139
2. 我国时间银行互助养老的不足 …… 142

第三章 深圳时间银行与中国特色社会主义先行示范区建设的内在关联

一、习近平新时代中国特色社会主义思想为民族复兴提供强大动力 …… 150
二、中国特色社会主义先行示范区建设与习近平新时代中国特色社会主义思想 …… 152
三、深圳时间银行与民生幸福标杆的思想层面高度一致 …… 153
1. 民生幸福是中国特色社会主义的主要特征 …… 154
2. 民生幸福标杆是深圳经济特区价值所在 …… 155
3. 发扬特区精神大胆探索民生幸福标杆 …… 155
四、深圳时间银行与城市文明典范的文化内核高度一致 …… 158
五、深圳时间银行互助养老推动中国特色社会主义先行示范区志愿公益发展 …… 162
1. 深圳市华海幸福时间银行始终坚持慈善公益的运营宗旨 …… 162
2. 深圳市华海幸福时间银行探索志愿公益养老服务的意义 …… 164

第四章　深圳时间银行对深圳建设中国特色社会主义先行示范区的启示

一、深圳时间银行的诚信体系，对深圳先行示范区的文明建设启示 …… 168
二、深圳时间银行的孝亲敬老，对深圳先行示范区的文化建设启示 …… 169
三、深圳时间银行的等价交换，对深圳先行示范区的社会建设启示 …… 170

第五章　深圳建设时间银行 SWOT 分析

一、深圳建设时间银行的优势 …… 174
1. 深圳的创新精神，为深圳时间银行的探索提供动力 …… 174
2. 深圳是志愿者之城，为深圳时间银行提供服务主体 …… 175
3. 深圳市场经济比较完善，为深圳时间银行提供了等价交换的社会环境 …… 175
4. 深圳老年人社会组织体系完善，为深圳时间银行提供坚实的基石 …… 176

二、深圳建设时间银行的劣势 …………………………………………… 176
1. 缺乏认知和宣传 ………………………………………………………… 176
2. 志愿者的服务质量有待提高 ………………………………………… 177
3. 时间量化标准不明确和通存通兑问题 ……………………………… 177
4. 社会资源吸纳不足 ……………………………………………………… 178
5. 社区结构不同，推广实施难度大 …………………………………… 179
三、深圳建设时间银行的机遇 …………………………………………… 180
四、深圳建设时间银行的挑战 …………………………………………… 181

第六章 深圳建设时间银行的目标

一、到 2025 年，探索深圳各行政区的时间银行试点……………… 185
二、到 2035 年，建成深圳各街道的时间银行体验区……………… 185
三、到 2050 年，建成深圳各社区的时间银行 …………………… 185

第七章 深圳建设时间银行的对策建议

一、坚持政策引导，构建政府、社会、社区组织共建共治的养老模式
………………………………………………………………………… 188

1. 政府政策支持 …… 188
2. 社区宣传推广 …… 189
3. 社会组织大力投入 …… 190
4. 社区成员积极参与时间银行模式的宣传 …… 191
二、加强志愿者队伍建设，提高志愿者服务质量 …… 193
1. 以传统孝文化为价值导向提高志愿者素质 …… 193
2. 加强志愿者服务技能培训 …… 193
3. 加强组织架构建设 …… 194
4. 加强志愿者激励机制建设 …… 195
三、完善深圳时间银行技术保障，提升公信力 …… 196
1. 构建全国统筹的时间币通存通兑宏观机制 …… 196
2. 制定时间币存储兑换的标准 …… 197
3. 允许时间币捐赠转让 …… 198
4. 建立时间银行信息管理系统 …… 199
四、加强深圳时间银行资源保障，推进深圳文明城市建设 …… 201
1. 多渠道引导社会资金投入 …… 201
2. 多措施鼓励社会人员参与时间银行志愿者服务 …… 202
3. 多方位链接社会支持 …… 203

参考文献 …… 205

SHIJIAN YINHANG DE
XINGQI
YU
LILUN JICHU

第一章

时间银行的兴起与理论基础

时间银行主要是指低龄老人为高龄或有需要的老人提供志愿服务，积累服务时长，当自己需要养老服务时享受同等时数的服务。时间银行是以时间存储交换为核心，以时间货币化为媒介的第三方时间存管平台。服务范围以带有公益性质的社区服务为方向，倡导鼓励所有会员积极参与对需要关爱的老人的心灵呵护与身体照料，并通过时间银行平台进行发布和交换。

时间银行研究最早可追溯到 20 世纪 60 年代。1973 年，日本女子水岛照子（另有译名为旭子）开始探讨通过志愿劳动获取养老服务来实现互助养老的可行性，并成立了日本第一家互助式的志愿者劳动银行。1980 年，美国学者埃德加 · 卡恩提出“劳动兑换服务”模式，通过为其他人付出劳动来换取自己所需的服务，被认为是时间银行正式诞生的标志。随后，时间银行被引入英国、德国和瑞士等国家。国外的时间银行起步早、发展迅速，制度建设完善，对中国时间银行的建设具有重要参考意义。

一、时间银行源起

“时间银行”与时代的链接最早可以从19世纪初最负盛名的英国空想社会主义者罗伯特·欧文那里寻得端倪。作为小手工业者的第六个孩子，罗伯特·欧文在9岁那年便被迫辍学，开始了他的童工生涯，青少年时期的艰苦生活与磨难使欧文深刻地体会到工人阶级的凄惨命运，他意识到上流社会对工人阶级有很深的偏见，而资本家们压根不关心工人们的死活——他们只在乎产量与利润。靠微薄收入生活的工人们聚集在肮脏不堪、破旧凌乱的贫民窟，那里基础的生活设施尚不健全，亦无法为孩童提供良好的教育，压抑、绝望、仇恨、冲动成为贫民窟的情绪主旋律。由于犯罪率不断飙升，政府开始采取严酷残忍的惩戒方法，虽然犯罪率得到了一定控制，但却进一步激发了社会矛盾①。

为了改变这一现状，欧文决心进行一次大胆的“和谐社区建设实验”，他开始在新拉纳克实施大幅改革，他认为要想改变工人的命运就必须改造他们所处的环境，进而改善工人的品行，实现环境与人的和谐。欧文通过提供干净整洁的住房、免费的教育并施行人性化的管理来保障工人们的利益。在此过程中，他特别强调公平公正，他的合作思想和实践也为后来的罗奇代尔公平先锋社所借鉴。罗奇代尔公平先锋社的建社原则，充分

①张培炎，罗伯特·欧文：构建和谐社会的先行者[J].桂海论丛，2005(04)：45-48.

体现了“平等”“自愿”“互利”的思想。早期的空想社会主义者认为合作社是改造社会的工具，这给当时的统治阶级带来了恐慌，因而并不为主流社会所容①。但毫无疑问，时间银行的理念里也包含这些原始而朴素的想法，并且能基于现代的社会制度实现成员间更良性的互动。

与此差不多同期，在1827年的美国，一家由约书亚·沃纳（Josiah Warner）创办的辛辛那提时间商店进入了公众的视野，辛辛那提时间商店所有商品价格都是以成品完成所需的时间为单位。要购买商品，则必须以工作时间来换取特定数量的劳动券。这是为了强调工作同值的观念。遗憾的是，这家商店只运营了三年就关闭了。

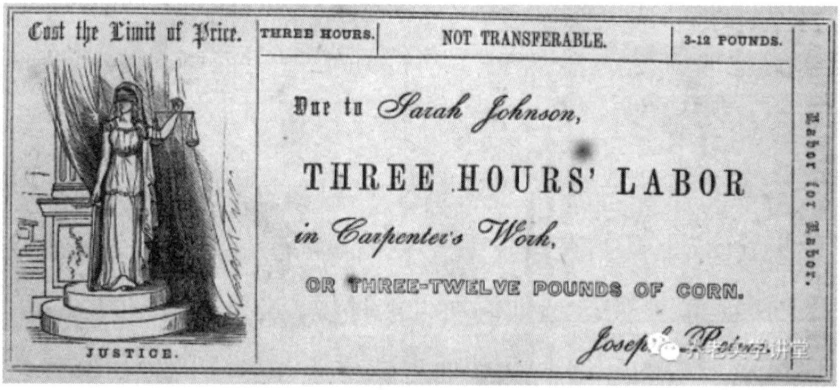

最早的时间银行凭证

时间转到20世纪，志愿思想和意识的觉醒、志愿运动的

① 吕亚荣，李登旺，王嘉悦．罗奇代尔公平先锋社的百年发展史：1844—1944［J］．华中农业大学学报（社会科学版），2014（01）：131–138．

组织和开展促进了“时间银行”的诞生。1947 年，京都的学生开展的大哥哥大姐姐联盟运动（Big Brothers and Sisters，简称 BBS）可以说是日本志愿活动的开端。该活动借鉴美国的经验，由身为大学生的哥哥姐姐们来帮助和教育流离失所、双亲皆丧的孤儿、流浪儿，获得了不错的社会效益①。截至 2006 年，日本全国仍有 6000 人在参与 BBS 志愿活动。1952 年开始的青年志愿社工组织活动（Voluntary Youth Social Workers，简称 VYS）也是以青年群体与儿童结对来进行陪伴和游戏的志愿活动②。

20 世纪 60 年代末，日本大阪志愿者协会作为志愿组织的先锋，在其创办发行的月刊《志愿者》上对志愿者的概念进行了澄清和重新定义，促进了社会公众对志愿者群体的理解。应运而生的由社会福祉协议会成立的“善意银行”很快转型为志愿者活动中心并很快在全国开展起来，这标志着日本志愿服务真正在全国范围内开始“风行”。

1973 年水岛照子在日本大阪创立的志愿劳工网络（Volunteer Labour Network，简称 VLN）以及 1974 年美国威斯康星实行的工作交换方案（Work Exchange）被一些学者认为是“具有早期时间银行的理论雏形”。黄少宽则认为，“时间银行”应用在养老服务最早开始于德国、日本等国③。VLN 和 Work Exchange 都

① 今田忠. 日本的NPO史［M］. 日本行政出版社，2006：113.

② 李妍焱. 日本志愿领域发展的契机——以阪神大地震对民间志愿组织起到的作用为中心［J］. 中国非营利评论，2008，3（02）：59-81.

③ 许加明. “时间银行”模式应用于居家养老互助服务的思考［J］. 社会工作，2015（1）：74-80，126-127.

是为了应对社会特殊时期物资贫乏，鼓励和支持民众以物物交换的方式来获取生存必需品，人们很快发现了“时间等价交换”的价值，理解了只有互助和合作才能生存与发展的道理。水岛照子并非将时间银行概念及服务模式推广到全球的人物。根据目前学术界的主流观点，“时间银行”这一概念正式出现于20世纪80年代初，由美国学者埃德加·卡恩提出。当时美国陷入经济危机，失业率急剧上升，社会动荡不安。“时间银行”在当时出现的主要目的是整合大量散落在社会上的闲置人力资源，以提高劳动力利用率和就业率，在动荡不安的时局之下缓解社会矛盾。“时间银行”的基本结构为：人们作为志愿者参与公益服务后，将服务时间记录为相对应的时间货币并存入“时间银行”，而当自身需要帮助时可以支取已储蓄的时间来获得他人的服务。虽然“时间银行”的运作逻辑多少有点像是“以新的一般等价物和固定交换比例稳定购买力”，但卡恩曾表示他的本意并不是试图去异化或者创建一个新的货币市场。他希望创立的是一种能为社会带来一定精神关怀和经济效益的新型模式，以强化家庭、社区与社会互惠互助。最初的养老服务仅仅是“时间银行”的一种类型。

1990年，第一家正式的“时间银行”在美国成立，迄今为止，时间银行共在全球六大洲30多个国家开枝散叶，合计约上千家。各国的“时间银行”发展程度与规模不尽相同，比较成熟的有英国的莱西格林时间银行（Rushey Green Time Bank，简称RGTB）和美国的老年志愿服务银行（Older Volunteer Service

Bank，简称 OVSB），它们有全国性的总行和专业人员、稳定的资金来源，并充分调动了社区、机构、企业与基金会，拥有相对完善的管理制度。日本另一个最具代表性的互助服务组织则为日本积极生活俱乐部（Nippon Active Life Club，简称 NALC）。NALC 是 1994 年在“时间银行”的基础上逐步建立的志愿者组织，它举办了一系列老年研讨会与讲座，设立社会福利研究中心，旨在提升老人晚年的生活质量①。

具体到我国，第一个“时间银行”试点出现于 20 世纪末上海虹口区提篮桥街道晋阳居委会，此后，上海市政府和相关机构共同建立“上海老年生活护理互助会”，草拟了《上海老年生活护理互助会（试点）管理办法》，可谓是时间银行本土化的一次颇有意义的具体实践。遗憾的是，在试图推广到各个城市的过程中遇到了阻力，因各地方社区基本情况差异巨大，部分方法措施在推行过程中收效甚微，不少“时间银行”试点被迫停止运营。2008 年北京奥运会的顺利举办极大地推动了志愿服务，成为我国志愿服务发展的里程碑事件。此后，伴随着国内相关机构的积极探索和研究，“时间银行”进入了一个加速发展的阶段，国内各省（区、市）的时间银行试点数量不断增加，机制逐步成熟。

2017 年 2 月，“康养产业发展与健康中国建设”座谈会在

① 许聪，吴飞. 时间银行：互助养老服务模式的可持续性选择［J］. 南京工程学院学报（社会科学版），2018，18（02）：12-16.

深圳召开，全国人大常委会副委员长、民革中央主席万鄂湘大力支持在深圳实践“时间银行”，并殷切希望深圳“把这个互助友爱的事业办好”[①]。

2017年2月6日，工信部、民政部、国家卫计委印发《智慧健康养老产业发展行动计划（2017—2020年）》。该行动计划重点强调，由于我国正处在工业化、城镇化、人口老龄化快速发展的阶段，人民群众的生活环境和方式正在随着社会的发展与科技的进步不断变化。养老资源供给不足的问题日益突显，加之信息技术应用水平较低，难以与人民群众日益增长的需求相匹配。虽然现在的深圳尚且“年轻”，但未来少子化、老龄化将是社会发展必然趋势，养老总体上是一个综合的、复杂的工程，因此养老服务的构建须未雨绸缪。

2020年7月，深圳印发《深圳市构建高水平“1336”养老服务体系实施方案（2020—2025年）》。该实施方案提出：未来5年，深圳将推动实施17项工程、67个项目，加快构建居家为基础、社区为依托、机构为支撑、医养康养相结合，覆盖市、区、街道、社区、小区、家庭6个层级的高水平养老服务体系；到2025年，全面形成与人口老龄化进程相适应，与中国特色社会主义先行示范区经济社会发展水平相协调的“1336”养老服务体系，制度体系健全完善、支付能力持续增强、科技支撑更

①付文一．万鄂湘率民革中央调研组赴深圳调研康养产业发展［N/OL］．（2017-03-01）http：//www.vmzxb.com.cn/2017-02-28/1368951.shtml?n2m=1.

加有力、产品服务丰富优质、社会环境宜居友好、综合监管科学有效，老年人及其子女获得感、幸福感、安全感显著增强；时间银行作为特殊的养老志愿服务项目，有其不可忽视的重要性，能够增强家庭与社区的联动，极大缓解居家养老的压力，是深化养老服务体系建设的重要探索①。

二、国外时间银行的发展现状

1. 日本时间银行

说到日本时间银行与志愿组织的缘起，不得不提及一位伟大而朴素的女性：水岛照子。资料显示，水岛照子出生于1920年的大阪，幼时聪颖好学，曾于19岁那年前往美国学习。她求学恰好赶上了一个特殊的时期——第二次世界大战，那时正值日本侵华期间，美日两国也因此陷入紧张微妙的关系之中。水岛照子原定计划在美国进修三年，最后只待了一年便回到日本。尽管每一个中华儿女都应牢记日本侵华的残忍暴行，但以一位日本普通的老百姓的视角——即美国于广岛、长崎投下“小男孩”和“大胖子”后，战后的日本是十分萧条与凄凉的。城市基础设施全面崩塌，道路尽毁，流民遍野。经济体系崩溃，物价飞涨，许多人衣不遮体，食不果腹，对生活和未来充满绝

① 解树森. 时间也能存起来？请了解一下深圳养老服务“时间银行”[N/OL].（2018-10-01）http：//www.sohu.com/a/26008024-321029.

望。更甚者，对于日本女性而言，如何避免自己人身安全受到威胁，乃至“防止被凌辱”也成了一个迫切需要考虑的问题（社区治安情况日趋恶化，在某种程度上已造成社会功能的部分丧失）。水岛照子学习一个短期的缝纫课程以维持生计。水岛照子曾在文章中写道：战争结束时，我 25 岁，我原来的房子被空袭烧毁；我抱着两个婴儿，我丈夫在战区的某个地方失踪了；看着落日落在被烧毁的平原上，我下定决心：“从今以后，我将用自己的力量，尝试着去看看自己能做什么①。”

一个伟大的灵魂觉醒了，并于此刻开始积攒能量。水岛照子的脑海里首先浮现出一个组织的构想，这个组织应当能够成为战后人们生活的新的精神支柱，呼吁人们勇敢面对逆境与生活，这个组织应当为人们提供基本的物质保障，并构建一种新的和谐互助的社区氛围。在某种意义上，这便是志愿组织的雏形了，同时，其互助和交换的属性也符合日后卡恩教授对“时间银行”的定义。随后，水岛照子加入了一个女子社团，她与社团内的妇女联合起来，购买、储备大量生活物资以帮助身边那些遭遇更多困难的人。水岛照子将她的智慧与社团结合，很快引起了日本政府机构和组织的注意，她得到了一笔发明奖项的奖励资金，照子将奖金的一半捐献给了她的社团。

到了 20 世纪 40 年代末，在和学校的家长教师协会（Parent

---

①Jill Miller. Teruko Mizushima: Pioneer Trader in Time as a Currency [J]. Intersections: Gender and Sexuality in Asia and the Pacific, 2008.

Teacher Association）接触后，水岛照子发现参与活动的母亲数量非常少。经过观察，她发现这主要有两大原因：（1）母亲们普遍缺乏参与的时间（或者说难以更好地规划和安排时间）；（2）源自对抢劫或者其他形式的灾难的恐惧，母亲们不愿意离开自己的家。

为此，水岛照子买了一处战后价格相对比较低廉的土地，建造了一个包括居室、厨房、厕所、花园在内的大型私人生活区，这个区域能够为与会成员提供安全感，并能有效防范盗贼的入侵。根据水岛照子的回忆，人们对此感到非常高兴，这个区域日后也成为人们开展大型活动的集会所。

1973 年，日本首相田中角荣承诺的社会保障和福利因受到石油危机的影响而无法兑现，在这样的背景下，水岛创立了自己的组织 VLN，根据多年的社区服务经验和思考，她意识到管理“时间”可以成为一种良好的社会治理方式。与传统的经济货币体系不同，以时间为单位的货币系统不会受到通货膨胀的影响（即时间不会贬值），而且能够让人们在互帮互助的过程中培养情感，建立人与人之间的信赖与关怀。从水岛留下的文字中可以看出，VLN 的建立绝非她的一时兴起。早在水岛成家之初，她便开始认真审视和规划自己未来的人生。她打算将自己婚姻生活的前十年献给丈夫，第二个十年献给自己的孩子，第三个十年——也就是她四十岁之际——做自己想做的事情。那时，水岛认为自己的寿命在 50 岁左右，她未曾料到战争令她和丈夫分离了接近 5 年之久。吉尔（Jill）指出，水岛记述这些过往的时候，日本的人均寿命已经从战时的49.63岁上升到62.97岁了[①]。

水岛照子在第一篇论文中着重强调了时间的概念，引起了媒体的关注，随后，她成为一名“社会评论员”，常出现在日本广播协会（NHK）中并在全国范围内进行演讲。回忆起这段经历时，水岛笑着说：“那段时间我一直频繁出现在电视节目中以至于开始不断有人询问我是不是被NHK雇用了。”

同一时期，日本的志愿文化蓬勃发展，女权基层运动成为一股不可忽视的力量，如何推进社会福利问题成为日本政府关注的重中之重。说不上到底是水岛的努力推动了志愿活动的发展和人民意识的觉醒，抑或水岛有幸赶上了这样一波时代潮流。以水岛为代表的这批志愿者也充分意识到，民间的志愿活动应有别于政府的公共服务，绝不能变为政府某一支部执行者，她们也开始呼吁人们注意各种社会民生问题，比如垃圾处理与排放、邻里噪声和环境污染。

水岛的“时间银行”主要提供两大类的活动。第一类是向非会员提供志愿服务工作，并要求所有成员参加。成员平均每月会去一家福利机构进行服务，这赋予了许多家庭主妇新的生活意义，即清洁不再是千篇一律枯燥无意义的家庭作业。第二类活动涉及会员之间的内部交换服务，例如照顾生病的老人、小孩或者提供家庭护理等等，这种服务将会进行点数记录。

---

①Jill Miller. Teruko Mizushima: Pioneer Trader in Time as a Currency[J]. Intersections: Gender and Sexuality in Asia and the Pacific, 2008.

VLN 的最低志愿服务时间被规定为每月 2 小时，因为水岛相信不管有多忙，这个时间应当是任何成员都能够完成的，而随着更加熟悉时间利用，他们终将贡献更多的服务时间。

到了 1979 年，VLN 基本实现日本全国范围内的网点覆盖，然而很遗憾的是，最终没有达到"全覆盖"的程度。尽管如此，水岛依然积极到日本各地区进行宣讲，倡导她的理念并招募有识之士。VLN 小组的许多人后来回忆说，他们加入 VLN 的缘由就是被水岛在论坛上的慷慨激昂的热情发言所打动。

1984 年，水岛照子将过去 12 年自己家庭成员的健康、心理和财务状态进行了统计分析（从 1972 年开始，每年 3 月进行一次资料搜集汇总），她计算了每个人投入工作、学习和社会贡献等领域的"时间"，并且衡量什么样的活动是值得举行的，或者说应该分配多少时间到特定的活动中。水岛照子表示，她利用这些研究结果来经营一个"更有时间效率的家"。从石油危机引起的巨大恐慌（人们担心再次出现物资紧缺的"战时状态"）之中，水岛再次意识到金钱无法成为保障生活的唯一方式，无论人们如何努力储蓄，都无法确保他们未来的资产价值；并且，很多时候即便有金钱，也无法保证可以获得相应的服务或者找到提供服务的人。

1996 年，水岛照子走完了自己的人生，VLN 组织随即遭受重创，成员数量也从 4000 多人下降到了不足 1000 人。她的好友森瓦基（Yoshiko Moriwaki）接手了 VLN 的运营，若非如此，VLN 很可能就不复存在了。

虽然水岛照子走到人生的终末，但日本的志愿文化和互助精神的发展才刚刚开始，而这也与时间银行的生根发芽息息相关。例如，在1994年成立的日本积极生活俱乐部（Nippon Active Life Club，简称NALC），它以“时间银行”的模式构建，以自助、自愿、有价值的人生为核心运作理念，致力于提高老人的生活质量。有趣的是，大部分的NALC参加者为男性退休人员而非家庭主妇，同时NALC也鼓励夫妻双方都参与进来，以此带动更多的年轻志愿者加入互助的队伍。在通存取兑机制上，NALC在服务对象和项目内容上作出了划分，不同服务所能获得的积分会有很大差别，例如，帮忙看家只能获得1个积分，而守夜的护理服务能获得6个积分。积分使用，仅限于服务者及其直系亲属，且没有时效限制。若积分持有者逝世，一般情况下NALC会予以回收，部分情况可以赠予他人。没有积分的会员也可以通过货币进行购买，以500日元/小时付费。需要指出的是，NALC的会员每年需要缴纳3000日元的会员费和5000—10000日元不等的支持会员费，该费用为NALC的可持续运营提供了资金保障。此外，NALC也能不定期从各类公益基金和社会捐助中获取资金。截至2018年，NALC已经拥有超过3万名会员，有130多家分支机构，俨然成为日本又一个全国性志愿服务组织，它在会员培训与专业服务匹配上作出了更为细化的管理，并配套一系列座谈与社会保障咨询服务①。同

① 赵思凡. “时间银行”引入互助养老服务的实现路径研究［D］.西北大学，2017.

时，由于组织规模不断扩大，为了有效协调各分支机构的运营，NALC 还设置了专门的协调员，帮助成员之间实现更好地沟通。为了保障服务质量，NALC 还成立了老年人福利研究中心，争取在相关法律法规的框架内组织开展更多的社会公益活动。

1995 年，阪神大地震的赈灾救援活动中，非营利组织（Non-Profit Organization，简称 NPO）一词进入日本主流媒体的视野，政府很快出台《特定非营利活动促进法》，为 NPO 组织发展提供制度和法律保障，自此，日本迎来了非营利组织发展的高潮，这在客观上为日本时间银行项目的推行奠定了坚实的法律基础，在此之前，日本法律框架内无法给予志愿组织一个合适的法人资格。

根据日本的《特定非营利活动促进法》，时间银行组织被认定为非营利组织。日本的学者认为："非营利组织一般是指不以获取利润为目的，而从事商品生产、流通、提供服务的民间组织①。"根据这个定义，日本的时间银行组织应当具备以下五方面的特征：

①组织具备合格的资质，通常意义上指具备法人资格；

②组织的实质是"民间组织"，即非政府组织，一般情况下运营不受政府的干预且能够以特定方式接受政府的资助；

③组织具备自主性，即有合理的组织架构、能够实现内部

① 李妍焱. 日本志愿领域发展的契机——以阪神大地震对民间志愿组织起到的作用为中心［J］. 中国非营利评论，2008，3（02）：59-81.

管理运营；

④组织具备公益性，组织的服务对象面向整个社会而非传统意义上的“特定个体”；

⑤组织具备无偿性，组织成员属于自愿、无偿地为他人提供服务。

尽管本书讨论的范畴主要集中在“时间银行”而非“互助养老”，但不得不提及的是，2000 年日本在世界上首推“介护险”制度。简而言之，加入介护险的日本国民需要按照规定定期缴纳相应的保险费，65 岁后可以提出申请，经由审核确认后，享受保险部门提供的不同等级的服务，被保人只需承担 10% 的服务费用。介护险的护理程度大致分为不能站立、不能步行、不能脱穿裤子、不能排便、不能用餐、不能吞咽食物、不能记忆等级别，申请人在被确认护理程度后，会接受相应的介护服务，例如一日上门护理、短期护理、入住老人福利院等。由此可见，介护险所提供的护理服务是相对专业的。由于日本的老龄化程度较高，这也客观上凸显了日本养老护理人员短缺的问题。这也恰好让人们再度关注到了时间银行，因为其在很大程度上能够缓解护理人手不足的问题[①]。

①郑红. 互助养老与社区时间货币——应对人口老龄化的金融创新［M］. 北京：中国经济出版社，2019：45-47.

2. 英国时间银行

英国是时间银行实践最早的国家之一。早在16世纪初英国社会便已出现社会服务与救济的意识，而早期国家层面上的相应投入则较少。经过一系列的变革，20世纪中叶的英国已经成为一个社会服务体系相对完善的福利国家，并在20世纪70年代至90年代间，完成了政府主导社会服务的转换。《养老金法》《儿童法》《行业委员会法》《住房和城镇规划法》和《国民保险法》的陆续出台也使得政府在改革浪潮下不断调整转变自身的职能，并寻求一种特殊的机制或服务以鼓励个人为自身与社群的未来生活创造更高的价值 。总体来说，拥有悠久社会服务历史传统的英国对于时间银行的实践是非常值得其他国家借鉴学习的。

关于英国全境时间银行的数量，根据查阅到的文献资料，归纳起来大致有几种说法：邓志锋认为截至2012年，英国有108家时间银行，会员人数多达20000个，累计存储时间有130万小时；吉尔·赛方（Gill Seyfang）在一份2003年的文献中提到，英国的时间银行项目是对美国“时间货币项目”的本土化改进，大概有200家时间银行在运营，其中有一些的成员数量达到上千名；卡罗尔（Carroll）指出，2013年时英国时间银行的数量已经上升至300家；2019年的时间银行研讨会上，其中一个课题组表示，截至2019年9月，英国时间银行已达到268家，有合计超过43000名会员，累计交换时间为

5447131 小时。[①]

英国第一家时间银行是坐落在格洛斯特郡的斯通豪斯（Stonehouse），1999 年由时代银行慈善机构 Fair Shares 创立。到 2002 年中期，大约有 36 个分支机构在运营。根据 2001 年英国全国调查数据显示，时间银行几乎都由当地的政府或者权威机构建立，为了正常运营，机构都雇用了专门的代理人；时间银行项目大多比较“年轻”，它们中的大部分成立时间尚不到 1 年。2002 年的英国全国调查发现，时间银行的平均参与人数从 48 人增加到 61 人，每人平均交换了 29 小时。根据调查推断，目前斯通豪斯的 36 家时间银行共有 2196 名成员，累计交换了 63756 个小时。虽然这些数字看起来可能很小，但它们所代表的统计意义是比较重要的，特别是对于那些极度需要社会支持的被边缘化的群体而言[②]。

时至今日，斯通豪斯依旧是英国时间银行里面最著名也是最成功的例子之一。斯通豪斯成立初期定位是专为老年人或残障人士提供照护服务的慈善机构。随着参与人数的不断增加，机构的规模也不断扩大，针对社区服务的项目也更加丰富，尤其在互助养老方面。与美国时间银行的运营理念相仿，斯通豪斯积极鼓励老年人之间进行代际内的社区互助服务，基于这个

---

①邓志锋.关于我国助老服务“时间银行”建设的思考[J]. 南京人口管理干部学院学报，2012（04）：17–21+43.

②Seyfang G, K. Smith. The time of our lives: using time banking for neighbourhood renewal and community capacity building[M]. London: New Economics Foundation, 2002.

原则，斯通豪斯中的成员多为退休人员。除此之外，斯通豪斯也鼓励不同年龄层之间的代际互动，英国的许多年轻人纷纷加入斯通豪斯，不少地区还将时间银行作为中学生的特别社会实践课程①。

英国另一个著名的时间银行为莱西格林（Rushey Green Time Bank，简称 RGTB），是英国首家以“医疗互助服务”为核心的时间银行项目。它致力于与当地的专业医疗机构合作，打造了一个高质量的医学团队，旨在提供医疗互助志愿服务、医疗咨询和科学疗养方案。RGTB 的主要参与者为社区常住老人和残障者，成员们通过社会互助，获得疗养和精神慰藉，通过服务与奉献重新发掘自身的内在价值，从而提高自我效能感和晚年生活质量。

RGTB 位于伦敦东南部刘易舍姆（Lewisham）的一家全科医疗保健中心。它是由保健中心的 Richard Byng 博士与新经济基金会（New Economics Foundation）联合创立的。当时刘易舍姆是英国最贫困的地区之一，在英格兰和威尔士 354 个贫困地区中失业率排名高达 29 名，也是英国排名第 31 位的“最贫困地区”。Byng 博士发现，他的许多病人深受抑郁情绪困扰，且具有很强的社会孤立倾向，他认为可以建立某种机制来扩大病人们的社交，从而让病人们体会到“被他人所需要”的自我价

①李明，曹海军.老龄化背景下国外时间银行的发展及其对我国互助养老的启示[J].国外社会科学，2019（1）：12-19.

值感。时间银行恰好能够构建起这样的机制，因此，医生可以把病人“转介”到时间银行。

2002年春季，RGTB成立两年之时，共有64名成员，累计交换了3605个小时，平均每人提供了56.3小时。RGTB开展的活动丰富多样，包括园艺和装饰活动、小规模DIY活动、“交朋友”项目、陪护成员去医院、推轮椅远足活动、音乐课课程、购物以及其他邻里互助的小任务。据时间银行项目协调员估计，RGTB成员中妇女占大多数（71%），其中近三分之一的女性已达到退休年龄或以上；几乎一半（48%）的成员有残疾或患有长期限制性疾病。RGTB的大多数成员没有从事有偿工作，即有将近80%的人处于失业状态。

据调查，五分之一（20%）的RGTB成员每周家庭总收入低于100英镑（每年5200英镑），而伦敦仅有12%的家庭处于这种经济情况；一半（50%）的成员每周收入低于249英镑（每年12999英镑），相比之下，仅有34%的伦敦人处于该状况下。从这个数据可以很明显地看出，RGTB的参与者主要来自被社会排斥的群体①。

对RGTB成员的参与动机调查显示，成员们对时间银行项目的满意度较高，大家都可以在帮助他人的过程中获取积极体验，提升自尊和自信心。其中，有78%的人加入时间银行是“为了帮助他人”，72%的人是为了“更多地参与到当地社区的

①张晓红，郭新保，李娜，等.志愿服务体系研究［M］. 北京：北京出版社，2010：31，33，36.

活动”，56% 的人是“为了改善邻里关系”，44% 的人是真正需要寻求帮助或者为了结识更多的朋友（拓展社交资源），仅有 17% 的人明确表示加入的原因是为了获得时间币。三分之二的受访者认为时间银行帮助他们实现了自己的目标，56% 的受访者表明“参与时间银行的体验不赖”①。

虽然英国时间银行的实践过程中没有出现一位像卡恩教授或水岛女士那样的“领衔人物”，但其志愿服务有相当多可圈可点之处，归纳起来，有如下特点：

①志愿服务有深厚的历史文化沉积。如上文所述，自中世纪以来，基督教宣扬的“行善积德”早已融入英国人的血液，工业革命后，社会服务开始向规模化和制度化方向发展，人们也开始推崇自由与平等。19 世纪 40 年代福利国家的建立，促使英国各类公益组织不断涌现，民众参与志愿服务的热情高涨。这些教义或志愿服务精神和时间银行“尊重”“互惠”的理念相吻合。

②有完善的保障机制。据悉，英国并未有非常统一完整的志愿者法律，但政府部门颁布的单项法规和一系列政策为志愿服务的发展提供了保障。1601 年颁布的《伊丽莎白济贫法》规定了提供志愿服务的群体和年龄，其中，16 岁以上的青少年学生每年需要进行志愿服务三个月。1989 年《英国的社区照顾白

① 陈成文，孙秀兰. 社区老年服务：英、美、日三国的实践模式及其启示［J］. 社会主义研究，2010（01）：116-120.

皮书》提出，“社区照顾要形成一个关怀的光谱，从提供住家支持照顾到给需要深度照顾者提供的日间照顾，再到对更高需求的人士提供的住院照顾和长期护理服务等”。该白皮书明确了管理人员和护理人员（包括专业社工和半专业辅助人员）之间的关系和工作体系，使社区老年服务有法可依。1998 年，英国政府通过了《英格兰与威尔士地方政府与志愿及社区部门关系协议》，为政府与志愿服务部门的良好协作打下坚实基础。2002 年，针对第三部门[①]的社会企业战略启动，该战略为社会小企业创造良好的政策条件，有利于社会包容性财富的创造和积极公民权的发展。2003 年，英国内政部成立积极公民中心（Active Citizenship Centre），鼓励公民积极参与志愿服务，扩大社区支持网络（符合时间银行发展“社区网络”的理念）。2004 年，英国财政大臣布朗先生（Mr. Brown）宣布了一项针对志愿服务组织的捐献制度，该制度规定了企业捐款的免税部分，同时允许中小企业的员工直接通过银行代理进行不定期不定额的捐款，这为时间银行的资金募捐创造了更便利的条件[②]。

③重视志愿者的服务体验，服务内容丰富多样。英国的时间银行项目非常注重志愿者的服务体验，他们希望能够将志愿精神融入每个人的心中，让志愿服务成为人们生活的一部分，

① 这里的第三部门指的是提供公益志愿服务的组织。从更广泛的意义上讲，它是不属于第一部门和第二部门的其他所有组织的集合。

② Gill Seyfang. Harnessing the potential of the social economy? Time banks and UK public policy［J］. International Journal of Sociology and Social Policy, 2006, 26（9/10）: 430–443.

以此建立一个和谐融洽的社区，使每个人都能从中受益[①]。例如，每一个有意向参与志愿服务的人都能够简单便捷地登录时间银行的官方申请通道，同时获取其居住位置附近的时间银行的详细信息。注册完成后，会有正式且系统的专业技能培训，官网也会提供多个网站和社交平台的链接，以便志愿者反馈个人感受、进行经验分享交流。一些时间银行也会将志愿者的服务经历和经典项目案例编纂成册或建立专门的“宣传板”展示志愿心得。

2002 年，英国时间银行在 24 个地点开展辅导项目，帮助了 2500 名难民和社会边缘群体重新融入社会。2003 年启动的全国性志愿服务活动鼓励公司的员工定期进行志愿服务，加强社会交流，很多公司积极回应，也在此次活动中建立了良好的社会形象。2013 年，政府与地方组织签订合同，开展“一起聊聊”项目，该项目为来自巴基斯坦、孟加拉国和索马里等国的穆斯林女性提供基础英语语言课程。评估结果显示，该项目每花费 1 英镑，能得到平均 9.31 英镑的社会投资回报。截至 2018 年，该项目共招募并培训了 300 名志愿者，累计服务 3000 多名女性。另有一些项目与特定领域的公益组织合作，如苏格兰退伍军人慈善机构 Erskine 、伯明翰 LGBT 中心以及儿童服务中心等。

④重视打造服务品牌，积极倡导志愿文化。英国时间银行

① 英国时间银行官方网站［EB/OL］. http: //timebank.org.uk/

十分注重志愿宣传教育，其口碑和品牌效益不断积累。在英国大大小小的公共场合，如汽车站、火车站、飞机场、公园、学校等地，不时能见到各种宣传资料，志愿服务逐渐与社会公民的个人成长、自我定位、就业和公司利益有机结合，享有广泛的群众基础。地方政府与基金会是时间银行的主要经济来源，客观上也为时间银行的制度化、专业化提供基础，同时也增强了社会公众认知。在2002年的一项调查中，63%的公民表示信任志愿服务机构。值得一提的是，政府的财政支持只占时间银行整体项目运作经费的36%，因此可以认为社会力量是英国时间银行的“经济基石”。儿童公益基金、千年志愿者公积金、欧洲慈善基金、健康部门与志愿行动基金等都为时间银行提供了重要支持。

⑤志愿服务行业成型，监督机制健全。英国的志愿服务行业经过多年的沉淀，已经形成了一套健全的组织管理体系，政府则予以辅助，进行监管。英国的志愿服务机构都具备独立法人资格，一般情况下，拥有自己的董事会。志愿组织的董事会也可以称为志愿组织管理委员会或理事监管人。董事会统领志愿服务机构的运营、进行机构发展与走向的重要决议、监督机构财务的管理。一些时间银行的分支机构如果缺少员工，董事会成员自身还需担负起日常的杂事。政府层面主要通过年度财务报告审查以及机构资质审查进行监管。

综上所述，英国时间银行的发展与完善的法律保障、深厚的志愿文化、健全的组织管理和宣传推广密切相关，其项目实践的经验对我国推行时间银行试点乃至志愿服务发展运作有着重要借鉴意义。

3. 美国时间银行

目前学术界公认的时间银行鼻祖是美国学者埃德加·卡恩。1980 年，一次大面积的心肌梗死将卡恩送进了医院，这让卡恩的生活发生了巨大的变化。在病床上，他对生命与社会产生了新的思考。那时正值美国战后第七次经济危机，1979 年第三季度起，石油价格猛涨，美国对外贸易逆差巨大，通胀严重，许多工厂和企业纷纷倒闭，失业率一度高达 10.8%。大批失业者难以维持生计，经济的不安定导致了社会阶级矛盾的激化。卡恩希望能够“开发”出一种模型，让穷人、社会底层的边缘人士在非正式就业的情况下仍然可以通过劳动获得一定的回报（且该回报一般而言为非市面流通的传统货币）。于是，他设想出一种可以用于邻里社区之间的特殊货币交换系统，这个系统的参与者通过为他人提供劳动服务，得以积累一定单位的时间，最后可以以时间换取自己想要的回报。卡恩将这种用劳动兑换服务的方式称为“时间美元”，其实质是“通过劳动价值的延迟支付以达到互助共济的目的”。时间银行最初构想的主要服务对象为高龄老人，由低龄健康活力老人为主、其他年龄段志愿者为辅提供劳动服务，服务内容主要为日常生活照料和精神慰藉[①]。

① 金华宝. 发达国家互助养老的典型模式与经验借鉴［J］. 山东社会科学，2019（2）：52-58.

1987 年，美国佛罗里达州出台了关于志愿者积分与社会服务相结合的法律。同年美国国会也出台了《促进志愿服务联邦法案》。此举为时间银行项目的推行奠定了坚实的立法基础，有利于时间银行获得更多政策倾斜与扶持以及社会资源①。

1990 年，卡恩先生将时间银行构想付诸实践。罗伯特·伍德·约翰逊基金会投入了 120 万美元，世界上首家时间银行宣告正式启动，在随后的实践过程中迅速发展，很快传遍了全美并风靡世界。关于美国时间银行的现有数量说法不一。凌瑾认为，美国国内现有 115 家时间银行；其中经官方认证的美国时间银行总共有 53 家；时间银行储户每天都在发生变化，但始终维持在 1.5 万人左右。丽贝卡（Rebecca）在 2014 年发表的研究中表示，美国已有超过 500 家注册时间银行，会员数量总计超过 37000 名②。

1995 年，卡恩先生发起成立了“时间美元组织”，现在人们习惯称之为美国时间银行（Time Bank USA），迄今为止，卡恩先生一直是美国时间银行的 CEO。卡恩先生在 *No More Throw-Away People* 中，列举了时间银行的四个核心原则，后来修订添加到五条：

①资产：每个人都有价值并且能用自身的价值与他人分享。

① 刘永强. 可存储 可兑换 可持续 赣州市章贡区搭建“时间银行”养老服务新模式［J］. 中国社会工作，2018（29）：39-40.

② 梁丽娟，李菲菲. 时间银行——中国志愿服务模式优化的新路径［J］. 理论界，2014（03）：75-77.

②重新定义工作：有一些形式的工作很难精准地用金钱来衡量，例如构建一个温馨友爱的家庭、使社区变得生气有活力、促进社会公平与民主等，时间货币被设计用以鼓励这种类型的工作。

③互惠：帮助是相互的，个体既是服务的给予者也是服务的接受者。对“我能为你做些什么”这个问题的表述应当改为“你也会帮助某人吗”，基于此可以构建和营造积极和谐的社会关系和社区氛围。

④社交网络：通过帮助别人，我们可以重新编织充满力量、支持和信赖的社交网络。人们可以通过参与时间银行相应的社区活动，增加沟通交流与信任，进而提升对社区、社会的归属感。

⑤尊重：尊重意味着包容并接受不同国家、民族、文化所发出的“自由的声音”，尊重是民主的核心和灵魂。我们争取“当下的尊重”而非让人们在“未来的某个时刻”才获得尊重。

这五条原则一直被美国时间银行奉为圭臬，也指引着后来许多新兴的时间银行项目的实践。现在，美国时间银行已有超过 200 个活跃的分支机构遍布美国各州。

1999 年，卡恩在发表的文章 *Time dollars, work and community: from“why?” to“why not?”* 中再次整理归纳了他对时间银行的研究。他在文章开头特意援引了萧伯纳的名言：

“当你看到一些东西的时候，你会说：‘为什么？’但我梦想着未曾发生过的事情，而我说：‘为什么不呢？’”

卡恩强调时间银行是一种能够产生社会资本的“创新策略”，是一种特殊的交易系统，这个系统有别于资本主义社会常规意义下的货币系统，它更注重“通过帮助他人、使用和购买服务及物资来构筑社区凝聚力”。卡恩先生重申了当时美国社会面临的盘根错节的三大严峻问题：社会底层民众在获取基本物资和服务时遇到了越来越多的不公；重建家庭的需求使得社会问题和矛盾不断增多；人们对政府名下所谓“致力于解决社会问题”的公共服务项目逐渐丧失信心。

美国作为一个人均消费相当高的国家，却到处有流离失所、食不果腹和穷困潦倒的人。卡恩先生感觉到这个社会系统存在着极大问题，这是一种精神文明的缺失。（卡恩看到犯罪的滋生、帮派的厮杀、大量离异的家庭和贫苦的儿童，以及自顾不暇却不得不为后代的生存着想而减少自身开支的老人；同时，人们对学校逐渐失去了信心；即便过去 20 年医疗支出占 GDP 的比重从 8% 上升到 16%，却没有任何指标能够显示国民的健康状况有多大改善。）

面对令人头疼的社会问题，仅仅询问“为什么”可能有利于追责，但未必会对现存问题提供有价值的解决方法。卡恩认为“时间美元”可以通过以下四个方面产生社会资本效益：

①时间美元可以加强社区的链接并弱化经济利益至上、追求最大回报的社会趋向；

②时间美元可以构建互惠互利的价值观念，因为人们每付出一小时的劳动，都会产生“期待”和“债务”，这让生活不再

是交流有限的“一次性的线性关系”的集合，而变成了一种“你来我往”；

③时间美元可以促使信息交互系统的产生，这种系统可以令人们获得信赖感；

④时间美元可以创造一种社会规范，这种规范能够让人们在需要时得到有效的帮助，但并不会侵犯彼此的私人空间，更重要的是，接受帮助的人不会感觉到自己是“被施舍的人”。

结合上面的论述，卡恩教授将时间美元“为什么不”的思考转换成三个更实际的问题：

①对免税货币的补偿是否能够在更公平的前提下，被用以提供最小限度的各类商品和服务；

②时间美元是否能够提高社会公共服务相关项目的有效性；

③针对人们提供的简单服务进行奖励（例如社区邻里互助）是否能够重新构建社会的基本信任和关怀。

在卡恩教授的分析中，他表明时间银行项目的推行和实施恰好能够“回答”这些问题；并且，时间银行也是打破资本主义社会制度下产生的零和博弈的最直接的方式之一（其核心就是让人们重新定义自我价值，让处在经济体制下的每一个个体都能够将“自我”辨识为“有价值的资产”）[①]。

---

① Edgar S. Cahn. Time dollars, work and community: from“why?” to “why not?” [J]. Futures, 1999, 31(5): 499–509.

不得不提的是，美国时间银行的产生与发展除了始于卡恩对“社会的忧虑”，也与美国医疗卫生系统的工作人员的需求有关。郑红博士在论著《互助养老与社区时间货币——应对人口老龄化的金融创新》中指出，美国时间银行的产生是“由于美国医生的生活状态急需改善”。美国的斯坦福大学有一项为期两年的时间银行试点项目，由艾尔弗·斯隆基金（The Alfred P.Sloan Foundation）提供资金支持。该项目致力于改变当时美国医生工作和生活不平衡的现实困境，希望能够通过促进医生工作与生活的协调度来提升医生的工作满意度。

美国医学会杂志（The Journal of the American Medical Association）2012年的调查数据显示，医生的平均工作时长比其他行业多十个小时，每两位医生中间就有一位处于过劳状态。学术性医院工作的员工，在职业生涯的前十年间，约1/2的人离开，其中有80%的人属于“彻底离开”的状态。美国医学院协会推测，至2025年，美国会出现至少9万名医生的缺口。负责时间银行项目的心脏病专家汉娜·瓦伦丁（Hannah Valantine）认为：“医护人员工作与生活之间的失衡至今仍被低估，主流认知中医生的工作生活协调问题并不被认为是医疗文化中的大问题，还未有人将解决这种失衡作为提高医疗质量的一个措施。”①

尽管时间银行的实践与构建友好互助的和谐社会、缓解职

① 郑红. 互助养老与社区时间货币——应对人口老龄化的金融创新［M］. 北京：中国经济出版社，2019：45-47.

业与失业人群的业余生活压力等目标还有不小的距离，甚至可以说遥遥无期，但就时间银行自身的价值和其所能带来的社会效益而言，适用卡恩先生文中的话——“为什么不呢”（Why not）。

4. 瑞士时间银行

瑞士作为一个高福利国家，是著名的养老天堂，但和其他发达国家类似，瑞士养老院的费用非常高昂（最低费用也高达每月 4 万元人民币），这对政府是相当大的负担。时间银行能够极大缓解政府的养老负担，故此也被视为“第四养老支柱”。瑞士的时间银行由联邦社会保险部开发，属于一个养老项目，最早始于 2008 年。瑞士最著名的时间银行基金会就坐落于圣加仑市区的一条小巷内，时间银行基金会的目标是：让老年人自主生活，获得陪伴与协助，缓解精神孤独。时间银行基金会规定服务者必须是年龄达 60 岁以上的退休老人，其服务对象为 80 岁以上高龄老人。服务者在正式上岗前，还需通过面试才能签署合约。之后，时间银行会根据服务对象的需求和服务者的个人专长，将服务者分派到不同区域进行服务。

瑞士时间银行的运行基本遵循卡恩教授的理念，它倡导人们在年轻时照顾老人，将时间作为资产储蓄起来，等到自己年迈、生病或者有特别需求之时再用时间兑换服务。时间银行项目申请人的基本资质包括：健康的体魄、良好的社交能力、善良与爱心。申请成功后根据协议，申请人会得到一张“时间银行卡”，这张卡会将申请人日后的服务时间存入社会保险系统的个人账户内，当协议到期时，工时会被统计出来。持卡人有需要时，能够凭借此卡去时间银行兑换需要的服务。如果验证信息无误，工作人员将会联系并指派义工到医院或持卡人家中进行服务。服务内容包括帮助老人整理房间，以及陪护老人购物、散步、学习、聊天等①。

郑红在《互助养老与社区时间货币——应对人口老龄化的金融创新》中列出了瑞士时间银行的详细服务内容，除了上述服务外，还有做饭、陪同老人吃饭、帮助老人进行文字处理（寄信、协助通信、填写表格）、教授计算机知识、进行休闲活动（旅游、游戏、朗读、喝咖啡、参观文化活动）、从事人力协助工作（铲雪、园艺、修缮房屋、修理或搬运工作）和帮助家庭照顾者获得休息时间。

由此可见，瑞士时间银行的服务呈现多元化趋势。

《党的生活（黑龙江）》杂志曾于2016年登载了一篇关于时间银行的见闻，作者是佟才录。本书将其摘录如下：

2008 年，我移居瑞士。考虑到我所读的大学离住的地方比较远，我就在学校附近租了一个小房间。房东克里斯蒂娜是一位独身老太太，退休前在一所中学当教师。瑞士的退休养老金是很丰厚的，足以让她在晚年过上衣食无忧的生活。但令我不解的是，她居然找了一份“工作”——照顾一位 82 岁高龄的老

① 佟才录. 在瑞士，“时间银行”能养老［J］. 党的生活（黑龙江），2016（06）：45.

教授。我问她，是不是因为钱才去工作的？她的回答让我十分意外——“我去工作并不是为了钱，而是把我的时间存进‘时间银行’，等到我老得不能动了，就可以支取了。”

这是作者平生第一次听说“时间银行”这个概念，在感到新奇的同时也对“时间银行”产生了浓厚的兴趣。后面段落描写了克里斯蒂娜后续的故事。

有一段时间，克里斯蒂娜特别忙碌，而要到利萨家去时更是神采飞扬。每次回来后，她都会跟我讲一些她和利萨在一起的经历，从语气中我能感受到她的愉悦心情。就这样，克里斯蒂娜一做就是一年。我以为一年下来她会结束这份工作，她却向“时间银行”提出再干一年的申请。一天，我正在学校图书馆看书，突然接到她的电话，说她从楼梯上摔了下来。我匆忙赶回住处，将她送进医院。正在我筹划该如何护理她时，克里斯蒂娜告诉我不用担心，她已经向“时间银行”提出了支取申请。果然，不到两个小时，“时间银行”的工作人员就给她安排了一位护工——22岁的姑娘维基。随后几天，维基每天都来照顾她，给她做可口的饭菜，陪她聊天。在维基的精心照顾下，克里斯蒂娜很快恢复了健康。起初我还对“时间银行”的效用有所怀疑，但经历这件事后，我彻底信服了，并且也想投身于“时间银行”的工作中。克里斯蒂娜知道我的心思后，就带着我向社区“时间银行”提出申请。

一周后，我收到“时间银行”的回复，并且接到了第一份任务——帮助一对瑞士夫妇欧仁和莉莉娅学习中文。这对夫妇十分幽默，跟他们相处与其说是工作，不如说是在放松心情。由此，我也理解了当初克里斯蒂娜对“时间银行”的工作如此积极的原因。通过做“时间银行”安排的工作，我的课余生活丰富起来，也认识了许多伙伴。他们当中有和我一样的年轻人，也有老年人。我发现，这里的老年人能和年轻人打成一片，看上去非常有活力。“时间银行”每年都会召集参与者举行一次大派对，参加派对的老年人时而唱歌，时而跳舞，玩得不亦乐乎。“时间银行”在改善他们晚年生活的同时，也在他们的晚年生活中注入了年轻的活力。

在文章的最后，佟才录也对中国的养老表达了担忧：

2015 年 5 月，我回到中国探亲，看到老年人不是跳广场舞就是打牌，晚年精神生活十分匮乏，与瑞士老人形成了鲜明对比。当前，中国“空巢老人”数量在不断增长，正逐渐成为一个社会问题，瑞士的“时间银行”对我们或许是一个很好的借鉴。

截至 2016 年，瑞士总人口达到 837.2 万人，整体上人口出生率和死亡率都呈现显著下降的趋势，65 岁以上的老龄人口已经超过总人口的 18%。一方面，瑞士的人均预期寿命正在稳步提高，对比 1970 年，2015 年的瑞士男性和女性预期寿命分别提高了 10.6 岁和 8.7 岁（即男性 80.7 岁，女性 84.9 岁）；另一方面，女性的婚育年龄也在不断推迟，2015 年瑞士女性的平均生育年龄为 31.8 岁，比起 1970 年整整推迟了 6.5 岁。更多女性开始步入就业市场，成为“职场女性”，她们将更多的时间分配在学习和进修上面。

国家发改委社会发展研究所调研组 2018 年的报告显示，瑞士被认为是全球人口老龄化较为严重的国家，但同时也被认为是最适宜老年人居住的国家，其首都伯尔尼市被 WHO 认定为“全球老年友好城市”。瑞士养老体系有值得借鉴之处。

由于瑞士是联邦制国家，其政府层级分为联邦政府、州政府、市政府，尽管总人口不多，但是养老服务体系非常庞杂。简单来说，三个层级的政府权责分明，联邦政府主要是辅助地方政府、提供社会保险的法律框架和资金支持，而各州政府对养老服务的决策具有高度自主权，能够决定本州的任务与相关政策；市政府通过州政府的委托，负责贯彻落实养老服务的实施，一般情况下，市政府不承担养老服务的相关财政支持责任。

瑞士的政府养老体系共有三大支柱：

①国家级别的养老保险制度，由联邦政府、州政府和具有劳动能力的成年人提供资金支持；

②职业养老保险，该保险为强制参与，保险费将按规定、按比例从员工每月工资中扣除；

③养老储蓄，该保险为自愿参与，瑞士公民可以开设特殊账户，在享受税收减免等优惠政策的前提下储蓄养老金。

社保基本上覆盖了家庭照料护理、护理院照料服务，并且可以提供老年人紧急护理和第三方援助的“无助津贴”。不过随着瑞士老龄化程度的加剧，政府财政上也出现了巨大的压力，在这一背景下，瑞士联邦社会保险部开始着手研究“时间银行”

制度，如上文所说，试图将其打造为“第四养老支柱”。亚历山大（Alexander）的研究也显示，瑞士的老年组织也对时间银行项目给予了巨大支持，并希望汇聚各方的力量，团结邻里社区，共筑和谐社会[①]。

5. 德国时间银行

德国社会保险制度的建立要追溯到俾斯麦时期，虽然德国工业革命的起始时间比英国要晚上半个世纪左右，但其工业化进程较快，短短 22 年间，城市工人的数量就从 1860 年的 150 万迅速增加到了 593 万。由此带来的资本化的竞争加剧、巨大的贫富差距、周期性的经济危机使得工人们的工作和生活面临巨大的挑战。据统计，1874—1879 年德国工人的工资下降了 17.50%；1861—1870 年，每一千普鲁士采掘工人中，就有 2.27 人因事故而丧命，煤炭矿工的死亡更是常事，每一千工人中有 2.82 人[②]。为了改变这样的社会状况，俾斯麦迫不得已开始推行政策和制度改革，在这一转型期，古斯塔夫 · 冯 · 施穆勒和阿道夫 · 瓦格纳等人宣传的社会改革思想逐渐获得大众的支持，他们认为国家必须在保证经济发展的同时，引导社会建立合理的秩序和道德规范，保护劳工的薪酬、工作环境和养老医疗——

① 李重阳. 石家庄市低龄老年人“时间银行”互助养老参与意愿研究［D］. 河北经贸大学，2019.

② 波梁斯基. 外国经济史：资本主义时代［M］. 郭吴新，等译. 北京：生活·读书·新知三联书店，1963：390.

这一思潮后来被称为“新历史学派”。同时，天主教社会福利运动也在冯·克特勒的倡导下积极开展，德国各地开始出现不少由教会、工头组织的社会救济组织。在这样的背景下，德国于1883年、1884年和1889年分别颁布《工人医疗保险法》《工伤事故保险法》和《伤残和养老保险法》。

20世纪50年代后期，在经济学家凯恩斯的影响下，联邦德国的社会保障和养老制度进一步发展，其中，《歌德斯堡纲领》中提到“每一个公民在年老、丧失就业能力或自我照顾能力又或者在家庭无人供养时，都有权得到由国家提供的最低限度的养老金”，把实际符合“人的尊严”的“社会保障制度”作为德国社会民主党的“社会责任”①。

1999年，世界卫生组织（WHO）提出的“积极老龄化”成为德国应对人口老龄化的重要理论依据，面对不断增加的财政压力，“时间银行”作为互助养老的一种补充模式，受到了德国政府的欢迎。2017年的《老年世界》中刊登了一篇关于时间银行的文章，里面提到德国的老年人口已达总人口的23%，预计至2030年，65岁的老年人将达到2200万人，相当于每两个就业者需要养活一个退休老人。程成博士在其论文中归纳了德国四种主流的互助养老模式，分别为老人之间的互助、老人与单亲家庭的互助、老人与大学生的互助和时间银行互助②。

① 王洪斌. 德国养老服务体系的历史分析及经验研究［J］. 社会福利（理论版），2020（01）：3-8，12.

② 程成. 基于时间银行的居家互助养老模式研究［D］. 西安建筑科技大学，2015.

老人间的互助与养老院的方式不同，是以社区为单位组成互助小组，这些自愿帮扶行为不涉及政府的财政拨款，大致上是以“低龄活力老人依次到高龄老人家中进行帮助”的形式开展，这为那些不去养老院的独居、半失能或自理能力差的老人送去了关怀和温暖。

老人与单亲家庭互助的模式又称为“三代同堂”模式、“多代公寓”，在德国，除了上述独居且不能再正常从事重体力活的孤独老人，还有很多单亲家庭的父/母需要一边打工一边照顾孩子，繁重的工作和家庭压力让他们喘不过气来。在这种情况下，政府协同福利机构共同集资建造了“三代同堂”公寓，将独居老人和单亲家庭的父/母和孩子们重组成一个新的“完整”的家庭结构，既使单亲家庭的父/母在工作时能够放心将孩子交给老人照看，也使得独居老人的晚年生活有了家的温暖。

老人与大学生的互助也是针对人口老龄化的另一种“灵活应对”，由于德国住房较为紧张，很多大学生没有办法住进宿舍，必须在校外租房，学生宿舍的缺口高达7万套，而很多老人因为各种原因独居，生活孤单且乏味。因此，政府联合公益机构专门为老人和大学生配对，不仅有效解决了大学生租房难、费用高昂的问题，还有效满足了老人的精神需求。据调查，老人们都很喜欢这种互助模式，他们反馈说“这让他们找到了需要与被需要的感觉”。

时间银行互助则是在政府的倡导下，年满18周岁的公民利用空闲时间到老年公寓提供自愿、无偿的照顾服务，服务的时间以档案的形式存下来，基本运作模式与美国时间银行别无二致。

需要额外补充的是，在德国，多数身体健康的老年人更倾向于结伴入住老年公寓，公寓配备有咖啡厅、发廊、护士站、无障碍电梯、公共娱乐区，每一套公寓都装有紧急呼叫装置（与配套的护士站相连），且雇有专门的管理和清洁人员。拿德国萨克森州首府德累斯顿举例，有 6 名老人结伴入住一栋翻新的公寓，他们制定了共同生活的作息时间表，一起用餐、一起外出游玩，彼此悉心照料。每位老人平均每月只需要支付 280 到 400 欧元租金即可（在德国仅有四分之一的退休老人的退休金低于 1150 欧元），相比养老院，这极大缓解了老人们的生活压力[①]。

根据上述资料，我们可以看出，第一类老人之间的互助其实也属于传统意义上的时间银行互助模式，那么，我们可以将德国的特色互助养老简单归纳成两种，即老年公寓和时间银行模式。老年公寓模式中，无论是“三代同堂”还是“老人与大学生互助的 Home Stay”，其实质都符合卡恩先生所提到的“资产”（每个人都有价值且可以与他人分享）、“互惠”“社会网络”和“尊重”的理念，唯一不同的只是没有存储时间以及以“时间”作为货币进行交换。

① 马路遥，顾海云，张田等. 建立“时间银行”　打造“多代公寓”[J]. 老年世界，2017（08）：28-30.

6. 俄罗斯时间银行

俄罗斯养老保险制度萌芽于18世纪末的沙俄时期，那时不同行业的劳动者开始筹备养老储金会。到了苏联时期，在计划经济下开始实施国家统筹的现收现付制，变成了国家保障型的养老保险制度。现收现付制需要耗费国家大量的财力，苏联最终不堪重负。经过一系列的市场化改革后，俄罗斯形成了以“三大支柱”为基础的养老保障体系，即社会现收现付制的基础养老保障、由企业缴费的强制养老保险和以自愿为前提的补充性商业养老保险三部分。俄罗斯政府还专门成立了国家养老基金来管理前两大支柱。2008年的全球金融危机令俄罗斯陷入了艰难窘境，人们开始意识到，比起残酷的竞争，合作共赢、互帮互助似乎才能令每个人更平稳地度过劫难。这一时期，民间开始出现各种各样的小型的“自给自足”的互助组织，随着互联网时代的全面到来，共享互助的线上平台蓬勃发展，俄罗斯的时间银行也在这样的背景下开枝散叶。①

施密特（Shmidt）在其对俄罗斯“共享经济平台”的研究中提到，时间银行作为俄罗斯市场经济的一种“替代方法”，能够以网络平台为连接，将大量具有“经济和文化资本价值”的陌生人汇聚到一起进行商品服务交换。Shmidt通过实地考察，收集了7份时间银行成员（包括项目的经理和志愿者）的深度

① 胡超凡. 社会公平视域下俄罗斯养老保障制度改革及启示［D］. 哈尔滨商业大学，2015.

访谈，并使用民族志的定性研究方法，试图了解这样的非营利组织是如何在社区中正常运作的、人们为什么放弃使用传统的“商业货币”转而进行“时间储蓄”。

俄罗斯下诺夫哥罗德时间银行的董事在接受采访时表示：“我不会说时间银行是只为那些需要帮助的人准备的。时间银行实际上由各行各业的退休人员（包括低龄活力老人和高龄老人）组成，我想强调的是，时间银行可以将有共同价值观的人聚集在一起，他们在参与活动的过程中能够获得平等与尊重。”下诺夫哥罗德时间银行的运作核心是项目协调员奥尔加。她负责传播时间银行的基本理念，协调项目成员之间的沟通，监督和管理项目的正常运作。时间银行的成员们亲切地称呼她为“守护者”，奥尔加不仅拥有威望和人脉，还具备特别的领袖气质，她和她的团队会负责审核时间银行的新成员，确保未成年人、在警方监管下的成年人以及在戒毒所或精神病院有记录的成年人不得加入时间银行（因此，该时间银行的规模被控制在6000人左右）。同时，针对时间银行所提供的服务，奥尔加也有严格的规定，与性相关的活动、婚介事宜、处方药物推销、伪科学的咨询（如占卜、看手相、命理等）、房地产服务、金融机构活动一律被禁止，除此之外，只要拥有相应的专业志愿者，时间银行几乎可以提供任何你所能想得到的邻里互助服务（比如会计咨询、法律咨询乃至简易的医疗服务）。时间银行的所有成员必须确保遵守相关的规定和章程，并且了解所有的互动和服务是基于“信任、诚实、责任、善意”的。曾经有成员表示，每当自己需要服务的时候，他都会联系奥尔加，他对奥尔加无条件地信任，而奥尔加则全权负责安排相关的对接和活动；如果有朝一日这个时间银行里没有了奥尔加，他可能会不知所措。

毫无疑问，奥尔加在时间银行的宣传推广上也做得很好，在时间银行的官方网站上，有心人能够找到 2011 年到 2017 年间 36 个媒体报道的联系方式，小到地方的出版社，大到国家级别的电视广播。

从施密特的研究中我们可以发现，时间银行能够促进人们自我价值的提升，并且能够帮助专业人士发展潜在的客户。在人们的传统认知中，时间银行一般是无法提供专业服务的，因为专家可以在市场中获得更高的价值（经济收入和声望），但下诺夫哥罗德的案例却提供了相反的证据，很多的专业人士渴望自己的价值被看见、被认可，他们乐于分享自己的才华，并无私地将其专业技能运用在社区服务中，因此，他们在这样一个拥抱共同价值观的团体中，收获了“意外的果实”。当然，施密特也在文中指出，无限制地提供免费的服务是不可能长久的，这些专业人士迟早会重返市场。但从长远来看，时间银行不仅锻炼了专业人士的专业技能，也在这个过程中丰富了他们的内心（高度的“人性化”和对服务的热忱），这与“在死气沉沉的资本市场里工作”形成了鲜明对比。

其中一个时间银行的成员分享了自己的看法：“我可以轻易地分享我的时间，不用考虑这两个小时里我能赚多少钱。我奉献我的时间，把它当作一种志愿服务、一种特殊形式的慈善。

在时间银行的这段日子里，我从来没有遇到过一位敷衍了事、只想快速结束工作的人。相反，这里的每个人都在真诚地、努力地工作。就拿我来举例，如果让我来做婚庆化妆，我会把它做得非常好，就像我平常被付了薪酬时一样。”①

在另一篇2009年的文章中，我们也看到了下诺夫哥罗德时间银行成员们的身影。

一位名叫安娜·安特罗波娃的女士是从当地报纸上得知有“时间银行”的，她决定为年纪较大的人做家务。她回忆说：“迄今，我已经免费帮人做了27个小时的家务，也就是说，我在‘时间银行’的‘存款’已有27小时。前不久，我需要搬家，就到‘时间银行’去‘提款’，那些储户很快就帮我把全部家具搬到了新公寓。还有一次，我在电视公司录制节目时发生意外情况，需要很多群众演员紧急救场。那一次，又是‘时间银行’向我伸出援手，许多人牺牲自己的时间来参加节目的录制工作。”

“时间银行”的企划经理尤利娅·谢鲁希娜女士说：“在我们银行，需求量最大的服务是修理、打扫屋子和课外辅导。此外，驾驶员和送信员也极受欢迎。遗憾的是，在我们的储户中，只有两位驾驶员。不过，并不是所有的储户都是为了得到某种服务才对我们银行感兴趣的。也有一些人，他们乐意帮助他人，

① 陈文辉. 建立多支柱的养老保障体系——俄罗斯、波兰的养老保障体系及其启示[J]. 中国金融，2008(08)：13-15.

却不求回报。还有几位老太太，她们打电话给我们，请求给她们找点事情做做。通过我们的牵线搭桥，现在她们相互帮助，通过电话交流，以此摆脱孤独。”①

除了上述服务内容，在下诺夫哥罗德时间银行里还能找到保姆、主持人、按摩师和手工艺品制作者。这些成员在正式注册登记前，会被集中在一个座谈会上，会上他们可以说明自己能够提供什么服务，以及希望获得什么服务作为交换。

瓦雷克（Valek）在其文章中还提供了一些关于下诺夫哥罗德时间银行的细节。他指出，从 2009 年开始，该时间银行的运营经费主要由查尔斯·斯图尔特·莫斯基金会（Charles Stewart Moss Foundation）提供。由于时间银行的运营理念和政府倡导的方针战略高度一致，在一定程度上这个项目也为解决社会问题作出了贡献。不过，下诺夫哥罗德时间银行尽管在如火如荼地运营着，但仍然面临一个主要问题，即时间银行的理念无法被思想固执的、抱持“传统观念”的人们所接受。目前，下诺夫哥罗德时间银行的 IT 系统主要依托于网站和脸书（Facebook），根据规划，未来还会适时在俄罗斯的另外 15 个地区落地。

瓦雷克的调查里还提到了另外三个时间银行，分别为基洛夫时间银行（Kirov Time Bank）、加里宁格勒时间银行（Kaliningrad Time Bank）和纳贝尔兹内耶切勒尼时间银行（Time Bank in

---

①Shmidt, M. “Participants” interaction with sharing economy platforms in Russia [J]. Information Technology & People, 33 (3): 897–917.

Naberzhniye Chelny)。其中，基洛夫时间银行和下诺夫哥罗德时间银行属于合作关系，但现在已经处于沉寂状态。加里宁格勒时间银行并没有回应瓦雷克的联络，瓦雷克推测该时间银行已经不活跃了。纳贝尔兹内耶切勒尼时间银行因为对外部人员的调查较为敏感，也没有提供什么有用的信息[①]。

最后，瓦雷克对俄罗斯的时间银行做出了如下总结：

①获取时间银行的信息渠道匮乏，一部分能找到信息的时间银行只是因为与下诺夫哥罗德有关；

②时间银行通常在运营一段日子后变得不活跃，但并非所有的时间银行都如此；

③下诺夫哥罗德时间银行虽然面临一些“理念推广”的阻力，但还是能够吸引大量的人加入，其核心原因在于它能提供丰富且优质的核心服务，它应当是俄罗斯境内唯一一家真正在运营并且成规模的时间银行；

④仅仅依靠志愿者，时间银行是难以维系的，项目的运营需要专门的管理人员支持；

⑤资金短缺和“失去当地民众的信任”是时间银行项目失败的重要原因。

---

① Valek L.Time banks in Russia: Filling an empty gap in time bank research, Tradition and Reform [C] // Tradition and Reform. 2nd edition. Social reconstruction of Europe, 2013.

7. 希腊时间银行

2008年的金融危机给欧洲诸国造成的影响是十分深远的，对于希腊尤为如此。1992年的《马斯特里赫特条约》规定，加入欧元区的成员国须满足两个条件：①预算赤字不得超过国内生产总值的3%；②公共债务规模低于国内生产总值的60%。到2000年年底时，希腊并不满足这两个条件，为了能够顺利通过审核，希腊找到了美国的高盛集团，试图降低国家的财政赤字。高盛集团通过购买希腊发行的对冲美元、日元债务的掉期产品组合，与希腊签订交叉货币掉期协议，使希腊政府的财务状况奇迹般好转。最终，希腊于2001年正式加入欧元区，但这也为其未来的债务危机埋下了祸根①。

2008年金融危机爆发后，宽松的信贷环境一去不复返，希腊政府筹资难度极大地上升。根据2009年末披露的数据，当时的希腊财政赤字高达360亿欧元，超过国内生产总值的15%，而公共债务规模接近130%。2010年，随着货币定期交易的到期，高盛决定不再为希腊护盘并做空了希腊债券，希腊的债务危机开始了②。2013年，希腊的失业率已高达27.5%，其中青年人口占失业率的比重为60%，国民收入和养老金缩减30%—40%，没有医保的人超过1/4。经济的全面崩盘也造成了希腊社

① 李熙. 回顾希腊债务危机“光辉历程”［EB/OL］.http://news.163.com/special/reviews/greecebailout0714.html.

② 阮进操，高世英，高越英. 希腊债务危机的演变回顾［J］. 中国市场，2016（01）：120-121.

会的动荡，希腊境内多次爆发民众抗议示威活动。2011 年 5 月，希腊第一个时间银行——雅典时间银行（Athens Time Bank）在宪法广场成立。随后两三年间，雅典又相继出现了美索不达米亚时间银行（Mesopotamia Time Bank）、伊格萨基亚时间银行（Exarcheia Time Bank）和霍拉格斯 – 帕帕格时间银行（Cholargos Papagou Time Bank）等多家时间银行。

截至 2014 年，雅典时间银行会员人数已达 3000 人，其核心理念是“确保任何人的工作都能造福他们的同胞，而不是保障市场或者某个资本家的利益”。雅典时间银行能够提供丰富多样的交换服务，以及一些特色服务包括外语课、翻译、心理治疗、按摩和学习 / 使用计算机等。在交换原则上，一小时的任何服务等价于一小时的其他服务，服务的质量、难度和类型并没有专门被区分，因此，这种交换方式并不总是那么轻易被认同。一位接受采访的成员的一段话可以很好地说明这个问题：

当第一次有人接受了一个小时的心理治疗却没有付给我钱的时候，我感到十分震惊。不过，后来当我需要水管工帮助我修理一些东西，而我没有支付给他任何报酬时，我感到非常满意——你瞧，我已经为这个人的工作付过钱了。

另外，雅典时间银行有一个包含“即时捐赠”账目的储蓄账户，那些“有兴趣向其他成员服务但并不想得到任何回报”的人所提供的服务将会被视为捐赠而被记录下来。雅典时间银行的决策主体是委员会，遵循透明、公开和民主的原则。在运营层面上，由管理层和协调小组负责日常事务的处理以及任务执行，根据情况将会每周或者每月召开一次会议，任何对此感兴趣的人都可以无条件参与。会议的决议采取多数决（>60%），有时候需要花费数小时甚至几天才能完成一次讨论。除了这些常设部门，雅典时间银行还有特定的工作小组，例如网站管理维护组（因此，雅典时间银行拥有一个很棒的IT平台）、宣传推广组等。①

尽管面临如何提高成员积极性、如何有效链接无法访问网络的人、没有公共服务的支持等问题，雅典时间银行依旧致力于服务社区中的弱势群体，试图团结一切可以团结的力量，让“世界变得更美好”。

美索不达米亚时间银行也成立于2011年。截至2014年，该组织拥有120名活跃会员，每次例会大约有30人参加，其成立的目的是“在满足当地居民基本需求的前提下，教育居民共同参与社区共享，共建社区文化”。值得一提的是，美索不达米亚时间银行所涵盖的社区属于较为发达的城市地区，中产阶级家庭居多，但由于金融危机的冲击，这些中产阶级家庭也面临收入减少的窘境。

在通存取兑规则和组织管理机构上，美索不达米亚时间银行与雅典时间银行类似，不过其最大的特点在于“没有数量上限的服务交换”，相比另外几个会给时间币设置最大额度的组

① Effie Amanatidou, Giorgos Gritzas, Karolos Iosif Kavoulakos, et al. Time banks, co-production and foresight: intertwined towards an alternative future. Foresight, 2015, 17(4): 308-331.

织，美索不达米亚时间银行的负责人认为不设限可以促进人们进行更多的交易（在相对自由和公平、有法律保障的基础下）。在定期会议上，其决策不使用多数决，而是需要全体达成一致。美索不达米亚时间银行提供的服务中，超过 40% 的项目涉及 23 种不同类型的教育与培训，并与当地许多高中的课程相对应。这让美索不达米亚时间银行形成了一种特别的“教育品牌”，人们经常能够在社区里面看到参加课程培训的学生们，而学生们会组织起来，一同为文化节、大型活动制作海报和广告，以此作为“交换与回馈”。总体上说，美索不达米亚时间银行更注重社区文化的构建和资源的整合，致力于吸引更多的人分享他们的想法和资源，进而提升成员的自尊和自信心。

2012 年，在伊格萨基亚居民的倡议下，伊格萨基亚时间银行“新鲜出炉”。该组织成立的初衷是积极响应当地居民的诉求，处理一些烦琐而棘手的社会问题，例如，派遣人员说服拒绝安装天线的人群、创建和规划新的公共区域、调解不同种族因文化差异而导致的冲突、提高社区治安和降低犯罪率等。该时间银行的成员数量在创立之初就达到了 150 位，不过产生的“服务交换”要少于其他几个时间银行。由于伊格萨基亚地区是青少年犯罪、暴力和毒品交易、物质滥用的中心，该组织对社会的弱势群体和边缘群体更加重视，从这个层面上，它也被视为“中和社区暴力与犯罪”的组织，虽然没有依附于任何特定的政治团体，但其部分成员可能在政治上抱持自己特定的倾向。

虽然和其他组织拥有相似的组织架构和会议规则，但伊格萨基亚时间银行的成员更喜欢面对面交流，而非通过网站和其他互联网平台。例如，其他时间银行本着公开透明的原则，会将每次会议纪要上传在各自的官网上，而伊格萨基亚时间银行则没有这一项操作。不过，它的成员表示，信息技术的支持对组织的管理和运作非常重要，特别是在处理服务交易时。2014年，组织管理层正在考虑和一个名为PRIZA的平台合作，以提升组织运作的效率。在服务的提供上，伊格萨基亚时间银行还有一些特色服务，比如由未受雇的教师开展的各种课程和“集体厨房”项目（与当地厨房合作，组织集市和义卖，享受美食；作为交换，厨房可以获得相应的时间币）。尽管有着长远的规划和“为了更和谐的世界”的理念，伊格萨基亚时间银行的成员也明白：这不意味着一场“即将到来的革命”，人们的价值观和思想状态需要花费漫长的时间去塑造，在这个过程中，他们所起到的也仅仅是催化剂的作用。

2012年底，霍拉格斯－帕帕格时间银行也在当地公民的提议下成立，这是一个试图通过公民互助来增加社会资本的小型组织，注册会员仅40人。从该组织的官网上可以找到详细的价值观条目，列举如下：

①以无偿的服务满足成员的需要；

②在平等、互惠、不歧视的原则下，施展每个人的才华与创造力；

③建立安全的人际关系网络，发展自己的新技能，战胜危机与恐惧。

霍拉格斯－帕帕格时间银行希望能够帮助人们克服他们生命中的孤独感，让他们从自我或者环境所塑造的“社交隔离”中解放出来。并且，成员希望能够将慈善行动和时间银行的概念区分开来，时间银行应当更像一种“共治共建”的互助族群。实际上，霍拉格斯－帕帕格时间银行在某种程度上可以给它的成员提供自给自足的生活状态，其中一个因此而辞掉了全职工作的成员表示：“现在我的压力小了很多，比我拥有一份稳定的工作感到更安全。”

在组织的管理和运营上，霍拉格斯－帕帕格时间银行与其他几个时间银行大同小异，不过，它拥有由社区合作开发的成熟互联网平台，并与其他时间银行保持一定的联系。此外，虽然部分成员可能抱持自己特定的政治倾向，但大部分的成员并不希望时间银行与任何政治团体有瓜葛。而如何处理组织领导者的权力关系是该时间银行的一大课题。

综上所述，希腊时间银行的出现主要是为了应对金融危机后日益恶化的社会状况，符合人们追求自由平等、互惠互利的精神诉求。上述四个时间银行的成立背景和宗旨略有不同，进而所提供的服务类型和可持续发展的方向也有所差异。总体上，希腊时间银行都更重视弱势群体和被社会排斥的边缘群体，致力于将普通的志愿者或者用户转化为“拥有相同价值观的联合生产者”，这点与英美的时间银行相似。在资金来源上，没有找到政府为相关项目提供支持的证据，推测运营费用主要是负责人和管理层通过基金会、社会和个人捐款自给自足。

8. 新西兰时间银行

2011年2月22日，新西兰克赖斯特彻奇市遭遇6.3级大地震，市长宣布全市进入紧急状态，这一天也被称为“新西兰历史上最黑暗的一天”。根据幸存者后来回忆，当地震来袭时，满眼所见都是倒塌的大楼，人们涌上到处是混凝土碎块的街头，哭喊着、尖叫着。据悉，即便是应对地震颇有经验的新西兰，在这一次的地震中也失去了185条鲜活的生命。①

在官方开展的城市搜救、应急和灾后支援工作中，一个特别的小组出现在了人们的视野中。这是一个致力于“共建可持续、有弹性（灾后复原力）社区”的时间银行组织，它的成员不仅在紧急时期利用自身的专业技能和资源帮助那些落难的人，还搭建了一个灾后互助网络，包括为当地的儿童创办了一所临时学校以解决就学教育问题、开展社区缝纫项目以照亮废墟周围的栅栏、为老年人提供膳食、帮助海军分发物资、提供灾后重建及维修工作等。一个接受采访的时间银行成员谈道：“在那个紧急时刻，你能看到海军、陆军、警方、消防队、救护车以及时间银行……时间银行能够快速地将人们连接在一起。所以，你可能会发出广播通知，说我们需要十个人做这样那样的事情，而人们可以自行选择。”另一位受访者也说道：“时间银行在不同人之间建立纽带，你会认识很多人，这将会

① Cretney, R. M.（n.d.）. Local responses to disaster: The value of community led post disaster response action in a resilience framework. Disaster Prevention and Management, 25（1）: 27–40.

帮你度过灾难时期，特别是认识你的邻居，辨认出每一条街上的新面孔。”显然，通过时间银行社交网络建立的连接，人们能够获得有力的社会支持，它会让人在极端环境以及之后即将到来的新生活中感受到善意、被尊重和被关爱。这些事件被雷文（Raven）当作一个案例，收录入其在 2015 年关于利特尔顿（Lyttelton）灾后重建项目研究的论文中。研究结论表明，时间银行在提高社区抗灾能力上有着特别的功用，通过响应社区灾后的特殊需求，它能够构建一个人际交互式网络，将更多的公民纳入互帮互助和灾后重建工作中，这将进一步提升社区的“复原力”。由此可以看出，与日本的战后重建类似，新西兰时间银行的发展也和“天灾人祸”中人们的基本生活和精神需求密切相关。

新西兰的时间银行发展起于 2004 年，在借鉴了欧美国家的模式后，新西兰开始在超过 25 个地区（包括城市和郊区）进行项目的试点。新西兰时间银行的最初预想是作为一种“替代货币系统”的非营利组织，使成员们能在小范围（通常以社区为单位）内以时间为货币进行“交换服务”。在新西兰，这些服务通常包括音乐或语言课程、儿童日托服务（做饭及护送上学等）、运用计算机编辑文件、Skype 和智能手机教程、生活辅导以及与其他机构、学校合作的项目。事实上，早在时间银行项目落地生根之前，新西兰本土曾经有类似的“替代货币网络”——社区交易系统（LETS），又名“绿色货币”。这是迈克尔·林顿（Michael Linton）于 20 世纪 80 年代提出的“以交易为目的”

的社区性组织。社区交易系统会创造一种限定区域流通的货币，以此作为成员间服务交换的结算工具。成员们通常需要为其所在的社区交易系统支付年费，而该组织则给每位成员设立个人账户和支票簿，用于服务交换的记录。总体上说，和时间银行的运营架构基本一致，最主要的区别在于结算的“替代货币”不为“时间”。到了21世纪初，几乎所有的替代货币网络都衰落了，一部分拥有“绿色货币”项目管理经验的开发人员转而运营时间银行。其中一个主要的原因是，21世纪初新西兰经历了一轮经济复苏，而更多社区交易系统的成员开始从事任务繁重的带薪工作，能够参与组织活动的时间越来越少。这一点，也和后来时间银行遇到的问题类似。例如，2011年时，艾玛（Emma）在与南岛时间银行（South Island Time Bank）创始人进行非正式会谈时了解到，南岛时间银行在短暂运营后也倒闭了①。

艾玛根据对新西兰南岛附近的时间银行进行的民族志研究（包含长期的实地考察、非正式采访、录音采访等），归纳总结出新西兰时间银行的以下特点：

①新西兰的时间银行强调“所有形式的劳动具备同等价值”，呼吁社区应当为所有成员提供同等的参与机会，即对“平等”的追求尤为强烈。

① 杨同宇，武冬双. 社区交易系统与可持续消费［J］. 生态经济（学术版），2007（02）：27–30.

②新西兰的政府及经济相关的从业人员对当前市场经济和全球金融体系的稳定性和持久性深表担忧，他们亟待寻找到一些能够“中和”资本主义制度所产生的弊端的社会组织，时间银行成为他们中许多人的关注点。

③时间银行组织基本上是“自我管理”的，项目成功的运营主要取决于大量无偿工作的领导者、管理者和协调员，这些人多数为女性，负责组织大量社会活动、筹款与捐款、营销推广、新成员入职培训、为现有成员提供支持以及建立与其他国际机构的合作关系等，他们的工作时间通常为每周 10 到 20 个小时，这使得他们难以平衡时间银行的运营与本职工作。

④新西兰与英美不同，以“时间”为单位的货币并不享受“免税”条例。税务局并没有针对时间货币给出征税的明确标准，因此可以认为在立法层面上存在一个“模糊地带”。

⑤在新西兰政府不断缩减社会福利、减少对社会服务和社区团体财政支持的背景下，时间银行的成员试图通过特定形式与政府展开对话，例如参加抗议游行、联名请愿、向地方议会提交意见甚至成为当地政府的民选成员。基于这样的情况，一部分人认为这些时间银行组织是带有一定政治性的团体，尽管组织的内部成员通常否认这一点。

⑥新西兰的时间银行基本都会使用一种叫作 Community Weaver 的软件，该软件源于美国（截至现在，美国时间银行仍在使用），能够收集时间银行所有的交易记录，协助管理者更好地组织运营活动，不过，还是有不少成员基于各种原因选择不

使用该在线软件。

⑦新西兰的时间银行在当地和国家媒体上知名度较高，尽管从人员数量和规模上看较小，但在民众中的辨识度很高，同时，时间银行也起到了教育的作用，它帮助学生和社会人士进一步理解“何为货币系统”①。

除了上述列举的8个国家之外，我们还能在世界的其他国家看到时间银行的痕迹，例如比利时、法国、挪威、匈牙利、奥地利、意大利、澳大利亚、韩国、加拿大、南非、厄瓜多尔等30多个国家，但由于运营模式大都相近，在此便不做赘述，有兴趣的读者可以自行查阅资料。

三、理论基础

1. 互助养老服务理论

养老服务作为社会保障服务中的一种，它是指国家和社会对老年人提供的、在保证其基本生活基础上不断提高其生活质量的物质和精神方面的服务。养老服务有广义和狭义之分，狭义的养老服务仅指专门机构提供给老年人享受的服务，而广义的养老服务实质上是一个养老服务的系统，是指支撑和维护老

①Emma McGuirk. Timebanking in New Zealand as a prefigurative strategy within a wider degrowth movement [J]. Journal of Political Ecology, 2017, 24 (1): 595-609.

年社会保障制度运行和发展的各环节与各阶段所需服务的总称，是由服务主体、服务对象、服务内容以及服务方式等多种要素组成的一个系统。

互助是人类社会乃至生物界相互扶持、救助的一种生活方式，中国传统文化中自古以来就以助人为乐为美，互助养老也就与“不独亲其亲”“出入相友，守望相助，疾病相扶持”“老吾老以及人之老”等观念不谋而合。

互助养老指的是老年人群体内的养老服务资源的互助共享，主要是利用以低龄健康老年人为主的闲置养老人力资源，低成本地在老龄群体间相互帮助、提供服务。老人之间“你照顾我，我照顾你”，各自发挥自身的能力，提供日常生活照料和精神慰藉等服务，使老年人发挥自身余热，在满足老年人养老服务需求的同时，实现老年人自身的价值，解决内心寂寞的问题。在我国老龄化的背景下，互助养老的服务提供方还应包含社会志愿服务力量，以扩充养老服务资源，弘扬尊老爱老风尚。互助养老服务将政府、社会组织及个人等养老服务资源整合起来，以政府支持监督、社会组织管理、社区协调的方式，通过参与者互助的形式满足自我养老服务需求。

目前在我国互助养老多属于老年群体自发形成的，以独居、空巢老年人为主。此种新兴的养老服务方式，比传统养老院、现代老年公寓、社区健康服务中心等养老方式有优势。首先，老年人不离开熟悉的家庭和社区，不需要昂贵的养老院费用；其次，独居老人可以选择和其他独居老人一起居住生活，有利于满足老年人的精神需求；最后，互助养老可以及时解决一些突发情况，老年人在照顾别人的同时可以学会更好地照顾自己。

但是互助养老的发展需要一些客观条件，比如必须是低龄健康老年人的数量大于需要被照顾老年人的数量，否则该模式将会出现服务断层。另外老年人本身由于身体素质等客观原因，只能提供有限的服务种类，因此单纯依靠老年人群体的自主与互助并不能满足当今社会日益沉重的养老需求。

2. 社区照顾理论

社区照顾概念和思潮起源于英国。20 世纪 50 年代早期，在英国大型机构照顾问题不断显现的背景下，养老照护“反院舍化”“去机构化”思潮大肆流行，社区照顾理念逐渐深入人心，占据养老照护体系建设的显著地位。社区照顾指的是社区组织照护资源、组建正式或非正式组织为社区需要照顾的弱势群体如老人、弱能人士、精神病患者提供照顾，目的是尽量让需要照顾的人群持续生活在原来的社区或者他们原来的居住环境中，并通过社会资源的参与减轻老人在宅养老所带来的家庭养老负担。

英国社区照顾思潮和实践的流行引发一些国家和地区的效仿，日本将居家养老称为“在宅福利”，指老年人在熟悉和习惯的住宅地和街道持续居住下去；中国台湾则将居家养老称为“在地老化”，意为老年人在长久生活的环境中住到老去，老年人通过长时间地居住在自己熟悉的环境中，可以收获更加愉悦自在的生活。20 世纪 70 年代后，主要发达国家的经济发展陷入长期滞胀的局面，经济的萧条以及逐渐加重的老龄化状况使人们慢慢转变了传统的福利观念。在此背景下，以“人性化”“人本化”为服务理念的社区照顾开始在世界范围内流行起来。

20 世纪 80 年代，在社区照顾具备充分的实践经验并走向成熟的基础上，英国 1989 年的《社区照顾白皮书》正式对社区照顾做出定义：“社区照顾是指提供适当程度的干预和支持，使人们能获得最大的自主性，且掌握自己的生活。为给老人提供服务的老人家庭成员提供喘息照顾（Respite Care）和日间照顾，通过团体之家和临时收容所，以扩大照顾范围，直至提供居家照顾。”

不同的国家（地区）、不同的文化背景导致社区照顾的质量以及发展水平存在很大的差异。英、美等国受新教思想的影响，认为个人应担负主要的养老责任，但是德、法等国则更希望国家政府组成的正式机构来对社会的弱势群体进行服务和照顾，认为这样的责任不应该落在家庭和个人的身上，政府应该承担起公共责任。不同国家（地区）的社会发展状况不同，社区照顾的发展有很大差异。

实际上，目前对于社区照顾褒贬不一。其中，歧视女性是女权主义者对于社区照顾的评价。因为在社区照顾中，女性的工作量以及承担的责任会无形地增多，从而加剧了男女之间的不平等性。还有人认为，政府通过社区照顾的方式来逃脱自己应该承担的社会服务职能。社区照顾在实践中也遇到了资金困难、资源缺乏以及社会网络建构等问题，要想发展社区照顾模式还有很长的路要走。

在我国，社区照顾很受大众的欢迎。一方面是因为现在大多数养老机构缺乏灵活性，只注重自身经济效益的获取，没有真正满足老年人的实际需要。而社区照顾的重点在于资源的有效利用，以“整合式”服务模式为取向。社区内的资源包括从社区居住人员发展而来的社区服务员、社区现有的住房和体育健身娱乐设施等。“有效的社区照顾必须包含有积极利用社区本身资源（包括正式与非正式资源）和得到社区的广泛赞同及容纳的意义”。居民自治组织在整个社区照顾的过程中扮演着责任人和监督者的角色，对于促进社区照顾意义重大，同时也能很好地监督老年人照顾和服务工作的正常进行。

3. 人力资本理论

人力资本理论（Human Capital Theory）最早起源于经济学研究。20 世纪 60 年代，美国经济学家舒尔茨和贝克尔创立人力资本理论，开辟了关于人类生产能力的崭新思路。该理论认为物质资本指以产品为载体的资本，包括厂房、机器、设备、原材料、土地、货币和其他有价证券等；而人力资本则是以人为载体的资本，表现为蕴含于人身上的各种生产知识、劳动与管理技能以及能力、体力和智力等素质总和。

人力资本管理不是一个全新的系统，而是建立在人力资源管理的基础之上，综合了“人”的管理与经济学的“资本投资回报”两大分析维度，将企业中的人作为资本来进行投资与管理，并根据不断变化的人力资本市场情况和投资收益率等信息，及时调整管理措施，从而获得长期的价值回报。传统人力资源管理不仅没有过时，而且是人力资本管理的技术基础。人力资本管理正是通过整合人力资源管理的各种手段，从而获得更高水平的价值实现。人力资本管理注重投资与回报之间的互动关系，并结合市场分析制订投资计划，因而相对来说更为理性，对市场变化更为敏感，侧重点和衡量尺度更为明确，还可结合经济学分析模型进行更长远的预测，前瞻性地采取行动。人力资本理论让我们看到老年人也是重要的人力资源，一些低龄老人即便退休后，仍保持有较好的身体和精神状态，同时也有足够的空闲时间，这些人力资源都是可以开发利用的。

4. 需求层次理论

需求层次理论是由美国心理学家马斯洛在 1943 年所著的《人的动机理论》一书中提出的，需求层次理论让我们看到老年人的多样化需求，他们不仅需要生活上的帮助，同时也需要精神上的慰藉，特别是社会中弱势群体的养老服务需求更容易被忽略。有调研数据显示，约八成的人表示他们社区缺少相应的养老服务供给，而对养老服务需求比例较高的，多为年龄在 65—79 岁的残障老年人。互助养老服务中的互相帮忙与来往，不但能帮助解决老年人尤其是残障老年人的基本生活问题，也扩大了老年人的交流范围，丰富和娱乐了他们的精神生活，达到真正助老为老服务的宗旨。

马斯洛需求层次理论将人类的需求从低到高分为五种，分别是：生理需求、安全需求、社交需求、尊重需求和自我实现需求。这五个层次中，低层次的需求是基础，只有低层次的需求得到满足，人们才会考虑更高一层次的需求。在不同的阶段，人们对五个层次的需求表现出来的迫切程度也不同，往往最迫切的需求更能成为激励人们的动力。老年人也有这五种层次的需求，但其需求又有特殊性：

①生理需求。衣、食、住、行是人类的基本生活需求，老年人也不例外。一般来说，退休老人，有儿女在身边照料基本没有这方面的顾虑，但是对于收入低、生活困难、身患疾病且没有人照料的老年人来说，这方面的需求还需要特别关注。随着社会的发展，空巢老人数量越来越多，如何解决空巢老人的养老是养老问题的一个重要方面，也是一大难题。生理需求虽是最低层次的需求，却又是最不容忽视的需求。

②安全需求。安全问题是老年人面临的又一大问题。随着年龄不断增长，老年人自身身体素质逐渐下降，身体出现各种各样疾病的概率增大，身体健康成为老年人最大的期望，在医疗保健服务方面的需求也会相应地增加。同时，老年人会随年龄的增加变得更加行动缓慢，在出行时会有诸多不便及各种安全隐患。因此，老年群体比其他各年龄阶段的群体对安全需求的呼声更强烈。

③社交需求，也称为归属与爱的需要。归属与爱是人的社

会性的重要表现，老年人由于不再工作，会有对社会不再有用的感觉，感到与社会脱节，产生较大的心理落差，更希望被需要以及得到重视，更加需要情感上的关怀。除了想有家人的陪伴、儿女的照料，以及享受天伦之乐，更希望还能为社会发挥余热，依然是社会的一分子。他们希望能在社区中发挥自己曾经的专长，为他人提供多多少少的帮助或服务，能得到他人的理解，在需要时也能得到相应的帮助或服务。总之，他们需要在自己不再参与工作的剩余时间里能有人陪伴，或者与家人，或者与朋友甚至陌生人交流和接触，得到关心与照顾，以此来消除寂寞，打发时间。

④尊重需要。每个人都希望得到别人的尊重，老年人倾其一生对社会奉献，完成了自己对社会的付出，更希望得到社会的认可和肯定。尤其是退休以后，老年人不再从事社会生产，社会角色发生了转变，更加不希望自己曾经的付出被忽视，如果得到尊重，老年人也会看到自己的价值所在。

⑤自我实现需要。简单来讲，老年人的需求可以分为物质需求和精神需求，自我实现的需求属于典型的精神需求。老年人随着年龄的增加，身边的亲人朋友可能会越来越少，而且现在年轻人大都不在父母身边，他们会更加感到孤独寂寞。如果能让老年人在社会中利用自己的专长发挥作用，老年人会重新认识到自己的价值。因此，社会需要为老年人提供一个发挥余热的平台，让老年人有施展的舞台，有自我价值实现的途径。

5. 社会资本理论

社会资本是指个人在一种组织结构中所处位置的价值，即个人在一种组织结构或场域中，利用自己的特殊位置而获取利益的能力。社会资本理论体现在人际交往过程中，个人所处的位置以及存在的价值，正是因为社会参与从而促进社会资本的积累。

社会资本本身是存在于社会网络中并不断演变的，通俗地说，个体结识的人越多，他的社会资本就越丰富，而社会资本是很难被精确定义的，它更多地是以模糊状态存在的。它内蕴于人际关系的组织中，即便可以估算人际网络中的个体数，但很难估算社会资本在当中所产生的效益，然而这种效益是显而易见的。澳大利亚生产力委员会在 2003 年对社会资本的报告中将社会资本划分为黏合型社会资本和桥接型社会资本，黏合型社会资本加强组织内部的联系，而桥接型社会资本则在不同组织中发挥作用。据此，黏合型社会资本联合了相同背景的个体，而桥接型社会资本为不同背景的个体间联系提供了机会并共同产生效益，简单来说，黏合型社会资本保持了个体的内部相对独立性，而桥接型社会资本可以产生更广泛的认同和互惠。通过参与时间银行，个人从以前较为封闭的人际关系网获得了桥接型社会资本，后者可以帮助人们从封闭社会网络转向开放的交往，这也正是时间银行的功能之一。时间银行的另外一个功能就是可以提供社会资本的弱联系模式，并通过这种弱联系模式产生类似强联系的作用。美国社会学家马克·格兰诺维特通过开创性研究，提出了“弱连接理论”，认为与一个人的工作和事业关系最密切的社会关系并不是“强联系”，而常常是“弱联系”，“弱联系”虽然不如“强联系”那样坚固，却有着极快的、低成本和高效能的传播效率。时间银行的模式正是通过扩大自己的交际圈而与自己“强联系”范围之外的陌生人产生“弱联系”来提升社会资本。

遗憾的是，对于老年化和社会资本的研究还处在初级阶段，社会资本其实是构成幸福晚年的重要组成部分，社会资本理论提供了一个框架，即对比社会参与所带来的社会资本的增加以及社会隔离对老年生活的不同影响，可以看出，老年人的身心健康和生活幸福是否与社会资本明显相关，比如美国和日本的数据表明，社会参与度和患抑郁症的概率成反比。同时，相比其他年龄段的人群，高龄的老年人在社会网络中的社会资本占有更显得重要。退休、健康程度退化、失去亲人等重大事件都会不同程度地损失社会资本，相应的社会关系也会减少，比如现实社会中很多曾经在领导岗位的人在退休后受到冷落。因此，社会资本理论和年老理论是存在一定契合点和研究价值的。

社会资本理论与互助养老时间银行有一定的相关性，时间银行引入互助养老中，实质上就是对社区社会资本的利用与整合。社区中的老年人由于年龄的增长，在社会关系网中所处的地位发生变化，获得的社会利益发生变化，社会资本发生损失，不利于老年人晚年生活。且老年人人力资本一直处于闲置状态，没有与社区内居民进行有效的互助，不能发挥老年人人力资本的价值，老年人精神需求得不到满足，不利于老年人的身心健康。通过时间银行互助养老，可以加大社区老年人口的社会参与度，鼓励社区中的老年人参与到互助养老中，发挥老年人人力资本的作用，促进社区人力资本的积累，体现出社区人力资本的价值，同时为老年人积累社会资本，促进老人晚年生活幸福。另外，社区居家养老方式主要是整合社区内的资源为老年人提供养老服务，但是社区的养老服务资源是有限的，不能满足所有老年人的养老需求，通过时间银行互助养老，可以充实社区的养老服务供给，可以有效地整合并利用社区中的养老服务资本。而且在互助养老时间银行中，志愿者通过社会参与进行社会资本的投资，可以取得相应的回报，为志愿者自身储存养老资本。

6. 社会交换理论

社会交换理论（Social Exchange Theory）于二十世纪六七十年代诞生于社会学领域，由美国学者霍曼斯（George Casper Homans）最早提出，他认为个体与个体的交往是一个互相交换的过程，收益和成本是解释社会交换形式的两个最基本的概念，在社会交换中，每个人都试图以最小的成本获得较大的收益。爱默森（Emerson）为社会交换理论建立了数理模型，对社会结构变化、社会交换动因以及社会交换的制度化过程进行了探索。社会交换理论认为，任何人际关系的本质都是交换关系，一个人对与其他人交往或形成友谊关系时所能够取得的报酬和付出的代价具有自己的心理预期，对于交往关系的得与失，人们往往关心的是总结果，人与人之间的精神和物质交换过程达到互惠平衡的状态时，人际关系才能和谐，而且这样的平衡状态同样是人际关系得以维持的基础。

社会交换理论主张人类的一切行为都受到某种能够带来奖励和报酬的交换活动的支配，因此人类一切社会活动都可以归结为一种交换，人们在社会交换中所结成的社会关系也是一种交换关系。社会交换理论在时间银行互助养老中有着充分的体现，志愿者加入时间银行互助养老的行列中，向有养老需求的老年人提供养老服务，并且将提供的服务进行量化，然后将这些时间存储起来，在志愿者需要服务的时候进行等量支取。这个过程就是社会交换的过程。除此之外，志愿者向老年人提供服务，不仅能够得到同样时长的服务，还能够获得精神上的满足感，精神与物质得到双重满足。尤其是老年志愿者，在他们退休以后无事可干时，参与互助养老为高龄老人提供养老服务，不仅给他们的老年生活带来一定的保障，更重要的是使老年人能重新进入社会，发挥自身的余热，体现他们的社会价值，满足精神需求，这些活动都体现的是一种交换。另外，政府出台政策支持互助养老时间银行的发展，满足了多层次多样化的养老服务需求，促进了互助养老的发展，完善了社区居家养老模式，这本身体现的也是一种交换。社会交换理论对“时间银行”互助养老的发展提供了强有力的理论支持。

7. 福利多元主义理论

1978年英国《沃尔芬德的志愿组织的未来报告》首次提到福利多元主义概念，主张把志愿组织也纳入社会福利提供者行列，将福利多元主义运用于英国社会政策的实践。罗斯对福利多元主义进行了明确的论述，他在《相同的目标、不同的角色——国家对福利多元组合的贡献》一文中详细剖析了福利多元主义的概念，提出福利是由国家、市场、家庭三方共同联合提供的，由其中任何一方单独提供都会存在缺陷，只有三方联合起来才能纠正和弥补失灵的情况。福利多元主义的核心内涵是多元化和分散化。多元化指的是社会福利的来源是国家、市场、社会、家庭、社区等多方面的组织，因此政府应当重视非政府部门在社会福利中的作用。分散化是指社会福利的提供应当改由较小的地区和组织来承担，具有较强的反科层制和反专业化的色彩。福利多元主义因其直接强调社会福利、社会服务的提供，成为社会保障领域常用的研究理论基础。

在人口老龄化加剧的社会背景下，福利多元主义主张让非政府组织参与到社会福利的提供者队伍中，符合缓解养老负担，提供多元养老服务的现实需求。时间银行在实践中，通过吸纳社会组织、社会志愿者、低龄健康老年人的力量，组织各项正式与非正式的养老服务资源，让老人享受社区提供的养老照顾，实现养老服务部分由市场和社会提供，是福利多元化提供的一种形式。

在我国，一直是以家庭养老为主，辅以机构养老，但是随着经济社会的发展，家庭养老以及机构养老都显现出越来越多的弊端，养老服务的供给已经不能仅仅靠家庭、营利性机构以及政府来解决，因此在解决老年人养老需求的供给时，应该提倡由多方共同提供福利，即在政府的领导下，充分发挥企业、社会组织、社区和家庭等的作用。互助养老时间银行整合社区中的人力资源，充分调动社区中的低龄老年人资源，使得老年人从养老服务的需求者变成了供给者，增加养老需求的供给主体及方式，促进互助养老的可持续发展。

8. 积极老龄化理论

1997 年，“积极老龄化”这一概念在西方七国首脑会议（丹佛）上被首次提及。而之后的欧盟会议，再次重申积极老龄化理念，并讨论了积极老龄化的问题及现实意义。2002 年，世界卫生组织对“积极老龄化”的内涵做出了明确的解释，即人进入老年状态以后，为了更好地提高生活质量、满足心理需要，最大限度地实现健康、参与、保障的状态。2018 年，《中华人民共和国老年人权益保障法》指出：积极应对人口老龄化是国家的一项长期战略任务。国家建立和完善以居家为基础、社区为依托、机构为支撑的社会养老服务体系，倡导全社会优待老年人。目前，在世界范围内，积极老龄化理论获得了进一步认可。

积极老龄化把进入老年状态视为正面、有活力的过程，改变了对老年人的传统认识，而把老年人作为一种积极、宝贵的人力资源，期待老年人在经济、社会等各个方面发挥自己的价值。在时间银行互助养老中，积极老龄化理论的实践，不仅可以充分利用老年资源、营造互助友爱的社会氛围，还可以使老年人保持身心愉悦、得到相应的日常照料及保障，在一定程度上减轻养老压力。

WOGUO
SHIJIAN YINHANG
YU
HUZHU YANGLAO FUWU

第二章

我国时间银行与互助养老服务

我国受传统文化影响，“养儿防老”观念深入人心，家庭养老成为老年人的首选，老年人更渴望家人的关怀，与子女在一起不仅可以由子女照顾其日常生活，还可以得到更多的心理慰藉。但是受前些年计划生育政策影响，生育率大幅降低，医疗水平的提高又使得人均预期寿命逐年增长，人口出生率和死亡率发生变化，我国家庭结构也随之改变，过去四世同堂或三代合居的大家庭逐渐消失，一对年轻夫妇需要赡养4位老人甚至是6位老人，抚养1个或2个孩子，压力极大。社会、家庭结构的改变导致家庭养老功能弱化，家庭养老地位正在逐渐下降。

机构养老虽然在逐步发展，但是受价格和供给，以及国人养老观念等的影响，解决养老问题的能力有限。受传统文化影响，不少老年人认为在机构养老是儿女不孝顺的表现，不愿意选择机构养老方式，同时机构养老需要老年人离开原有的居住环境，与其他陌生老年人一起生活，个人根据不同情况需要不同时长的适应期，有很大的心理压力，甚至会因为无法适应新环境从而产生孤独不适。同时，机构养老服务能力有限，无法满足巨大的养老需求。虽然随着社会的发展，机构养老逐步完善，配套设施日渐完备，但目前仍存在着公办养老机构“一床难求”与民营养老机构“床位闲置”的矛盾现象，公办养老机构因为有政府部门托底，具有价格优势，相对民营养老机构更受大众信赖，但公办养老机构数量及服务能力有限，无法有效满足社会需求。

时间银行的运行平台是由社区站点运营管理，在体系中发挥组织和管理服务人员、服务对象、服务资源、服务内容、时间货币的作用，是时间银行体系输出服务和价值的窗口机构。时间银行机构内的互助养老服务的实现需要平台来调动，平台并不直接提供任何养老服务，只作为社区互助养老服务的资源信息互换站点，让服务资源和服务需求得到最好的匹配，并作为社区站点常驻机构来保障社区可常规化实现互助养老服务，从而让社区互助养老服务走上以需求为导向的正常化、持续化运行的轨道。

一般来说，国内外对时间银行养老服务的提供者并没有明确的年龄和身份等的界定，只要是品行良好、有志愿服务能力和服务意愿的志愿者，无论是社区内低龄健康老人还是社会志愿者，都可以成为时间银行互助养老服务的提供者。时间银行的志愿服务发展应该满足以下几个条件：①要扩充养老服务志愿者团体，在发动社区内低龄健康老人参与时间银行的基础上，积极引导社会志愿者参与提供养老服务；②要对志愿者开展服务技巧培训，在其上岗提供服务前先进行专业的生理照护、心理照护、陪伴技巧等方面的培训，提高服务水平与质量；③要建立互助养老服务激励机制，采用激励性措施吸引社会组织的参与，如与大型商超或公交公司建立联系，对储存时间多、服务效果好的人给予相应购物折扣或公交优惠等，实现养老志愿服务长效发展。

时间银行互助养老服务模式的照护对象是社区内居家养老的高龄老人和亚健康老人，包含70岁以上高龄老人及未满70岁但缺乏一定自理能力的老人。时间银行对养老服务对象的管理相对较为简单，但同样不可忽视。为此，首先要加强与照护对象及其家人的交流，深入了解照护对象的服务需求，以提供更为精准的养老服务；其次要发动照护对象的家人鼓励服务对象积极参与到时间银行中，让老人感受到志愿者带来的新鲜社会活力，丰富老人的晚年生活。

时间银行主要提供生理服务和心理服务，具体包括生活便民服务、健康养生、居家安全、教育康乐、医疗康复、心理慰藉等。具体服务内容由时间银行依据老人服务需求和志愿者供给能力制定，各社区所能提供的服务各异，时间银行提供的大部分生理服务均能够由社区内志愿者提供。老年人养老需求基本上分为三大部分：①日常生活照料，主要包括为身体不便的老人做（送）饭、代买日用品，以及帮助其洗涤衣被、户外活动、送水换气、打扫卫生、缝纫修补、家电维修、管道修理等；②医疗康复服务，包括日常健康指导、健康咨询、慢性病预防、疾病康复护理、定期为老年人体检、建立健康档案等；③精神慰藉服务，包括讲书读报、心理咨询及疏导、老年课堂、带领参加文体活动等。

时间银行互助养老有以下特点：

①双向性。传统的志愿养老服务是由志愿者自愿主动地为老年人提供养老服务，但是这种服务是单向的，志愿者是养老服务的提供者，老年人是养老服务的接受者，当志愿者提供养老服务的活动结束，志愿活动也就结束了，服务接受者不需要向志愿者提供任何报酬。时间银行互助养老改变了这种单向的服务模式，打破了志愿者一味付出、不求回报的模式，以时间银行为基础的互助养老引入了有偿激励机制，遵循了市场经济下"付出就有回报"的原则，在志愿者为老人提供养老服务之后，志愿活动并没有结束，志愿者将自己提供养老服务的时长储存在时间银行，在自己需要养老服务的时候，同样可以得到其他志愿者提供的养老服务，志愿者还可以将自己储存的服务时长转让给家人，因此时间银行互助养老具有了双向性。

②非营利性。时间银行互助养老模式不以营利为目的，主要是为了满足老年人的养老需求，使老年人能够安享晚年，每个需要帮助的老年人都可以得到相应的服务，具有非营利性。家庭养老需要耗费子女大量的时间、精力、金钱，会对整个家庭造成一定的养老负担。机构养老是一种以营利为目的的养老方式，虽然养老机构会为老年人提供专业的养老服务，而且能帮助子女减轻养老的负担，为子女节约时间和精力，但是机构养老不是免费的，子女需要为此支付一笔不小的金钱，这会给普通家庭带来经济负担。在时间银行互助养老模式下，志愿者

为老年人提供的养老服务是免费的，是不以营利为目的的，这种免费并不是意味着老年人可以无条件接受志愿者提供的养老服务，不需要为获得的服务支付任何东西，而是指被服务者不需要为所需的养老服务花费大量的金钱，不会给被服务者造成很大的经济负担，被服务者只需要作为服务者为他人提供一些力所能及的养老服务，就可以免费得到需要的养老服务，满足自身的养老需求。当然，对于一些特殊群体，即使没有进行志愿养老服务的提供，通过时间银行管理中心协调处理，依然可以得到一定的养老服务。

③可持续性。传统的互助养老是指由志愿者和低龄、健康的老人单方面地向老年人提供养老服务，这种服务依靠的是志愿者的责任意识和奉献精神，但是时间长了，志愿者会产生疲劳感，对参加养老志愿活动失去热情和积极性，使得互助养老模式不能可持续发展。时间银行互助养老与传统互助养老最大的区别是，时间银行互助养老基于时间银行这一概念，引入有偿激励机制，志愿者提供养老服务，不仅能够获得荣誉感，满足精神需求，同时还能够为自身积累养老服务的时长，还会吸引更多新的志愿者加入互助养老事业，从而促进互助养老模式的可持续发展。

一、我国时间银行的发展现状

时间银行作为社区养老模式，在我国发展已有 20 多年。老年人在家居住，不用离开自己熟悉的小区，通过与社区内其他老年人一起互帮互助解决养老问题，既减轻子女负担，又可获得心理慰藉。但时间银行目前仍然是小范围的试点，还有待进一步发展。

20世纪末，首家“劳务银行”在上海市虹口区提篮桥街道开办，随后北京、重庆等地陆续出现。目前南京、广州、成都、黄山、杭州、滨州、深圳等地开展了时间银行互助养老服务。早期的时间银行与社区挂钩，机构规模较小，数量少，主要集中在我国经济较为发达的东南部地区；主要是低龄老年人为高龄老年人提供服务获得时间积分，服务以日常生活照顾和陪伴精神慰藉为主，借助时间存折，由社区居委会进行管理。由于管理及制度本身的问题，大部分试点逐渐消失。

随着国家对社区养老的提倡与重视，近10年来时间银行借助互联网平台重新焕发活力。根据陈功和黄国桂的统计，在2008—2016年我国至少出现了31家“时间银行”，呈现出快速、多形式发展。目前我国时间银行还处于不断探索阶段，所以以往研究更多地集中于时间银行模式本身。

1. 广州时间银行

2019年10月底，广州市老龄委发布《2019年广州老龄事业发展报告和老年人口数据手册》，其中数据显示，2019年广州60岁以上人口超过175.51万人，占户籍人口的比例为18.40%。其中，越秀、海珠、荔湾三区的老年人口位于全市之最，合计79.7万人，占全市60岁以上人口的比例分别为17.5%、15.66%和12.26%。由此看来，广州已经迈入较深层次的老龄化社会[①]。广州市共有三家具有代表性的时间银行项目实践：

（1）广东省广州市寿星大厦

寿星大厦位于广州市白云区大源南路，1999年底成立之初就提倡入住的老人互帮互助，形成温馨和谐的氛围。据悉，该时间银行自“开业”以来便深受广大老年人的欢迎，老人们积极提供服务，却鲜少“提取时间”[②]。

①人员构成：最初主要由活跃的志愿者构成，后期转型后人员结构发生极大变动。

②通存取兑：老人所服务的时间由时间银行累计记入存折，到他们自己也需被人服务时，可提取存储时间，再由银行派其他储户提供相应时间的同类免费服务。

③服务内容：包括看护、购物、心理辅导、谈心、清洁服务，协助患病老人参与户外活动，协助老人冲凉、洗头、更换衣物，协助无自理能力的老人翻身起床、更换尿布衣裤、擦洗臀部以及陪同老人的住院护理。因为项目的复杂程度和专业能力要求不同，储蓄项目有一套换算公式，依照一至五类的差异，

① 林清清，穗卫健宣. 广州60岁及以上人口超175万［N］. 羊城晚报，2020-11-10（A5）.

② 张薇. 广州设“时间银行”十二年 老人爱心传递传美谈［EB/OL］.（2011-04-20）［2020-11-10］. https://news.qq.com/a/20110420/001167.htm.

比例为 1∶2∶3∶4∶5。

④运营情况：时间银行成员的平均存储时间都超过了 100 个小时。据了解，截至 2011 年，寿星大厦接纳帮助他人而储蓄时间的老人达 4394 人次，累计储存时间超过 12000 小时。目前广州寿星大厦已经成为集养护、托管、娱乐、康复和医疗等服务于一体的大型老年人社会福利机构，收费标准平均为 3000—4000 元每人每月，对于个别半自理、失能老人的收费最多不超过 5000 元每人每月。

⑤发展历程：

2005 年 1 月 8 日经广州市民政局批准设立广州白云区大源养老院。

2013 年 2 月 6 日获批成立众味品酒家。

2014 年 4 月 15 日经中国社会福利基金会批准成立“寿星基金”，同时设立中国社会福利基金会寿星基金管理委员会。

2014 年 10 月 14 日正式成立广东寿星投资管理有限公司。

2015 年 3 月寿星城正式命名。

2015 年 3 月广州爱柠康健康管理有限公司成立。

2016 年茶道文化馆进驻。

⑥存在争议：时至今日，寿星大厦已经是全广东省规模最大、护理服务最专业、养老设施和服务最齐备的一家社会福利机构，但是其本质已经偏离了“时间银行”的概念范畴。

由于寿星大厦的性质存在争议，因此在现今中国对时间银行的理论研究中，有观点认为广东的首个时间银行项目是广东省广州市的南沙时间银行运营中心，并未将寿星大厦纳入“时间银行”的研究之中。

（2）广州市南沙时间银行

①人员构成：南沙时间银行的管理人员共 8 人，均为专职，月收入 5000 元，符合政府购买服务的标准，其平均学历为大专，年龄分布在 22 至 32 岁，但有社会工作背景的专业人员仅占少数。

②资金来源：南沙时间银行收入的 70% 源于政府的专项资金，30% 来源于自主网络产品研发，在项目开始之初，曾招募志愿者挖掘社区需求，并以现金方式进行相应奖励。

③通存取兑：实行会员制，需要比较详细的资料才能进行会员注册，获取服务交换和时间币存取。其会员分为个人会员和团体会员，团体会员拥有以单位名义发布任务的资格且具有更高的安全等级，个人会员也可以借由加入团体来获得更多的公益活动参与资格。会员的年龄分布在 30—59 岁，其中团体会员 1539 人。南沙时间银行的时间币折合人民币价值约 1.9 元，服务一小时可兑换 12 枚时间币，并永久保存于会员个人账户系统中（会员可以自愿的形式进行转赠）①。

④运营情况：运营至 2018 年，总共覆盖了南沙区 9 个镇街、71 个社区，拥有 10 个服务站点，形成了稳定的“1+10+71”

① 当时间变成金钱：南沙“时间银行”成效好，服务居民上万次［EB/OL］.（2018-10-17）［2020-11-10］. https://www.sohu.com/a/231422114_667991.

的工作模式。截至 2019 年底，其注册志愿者数量达 37692 人，已为 44132 名老人进行过服务，系统已储存服务总时长合计 195025.72 小时。南沙时间银行以会员需求为导向，拥有与银行类似的账户系统，与支付宝类似的保证金系统，民政局亦可随时查看、监督其运作状态。为保证安全、高质量的服务，平台系统拥有多维度的安全等级制度，包括会员等级制度、服务类型等级限制、双方满意度评价、信誉追溯和仲裁。时间银行会从安全等级（真实资料、政治身份背景、公益服务记录）、专业等级（专业领域的资格证书）、数据等级（由他人进行评分的数据）、服务等级（在本平台上承接的服务质量和数量）四方面对会员进行评分，一旦无法达到某一类型服务的要求，就无法承接该类型的服务。为确保时间银行价值稳定，在时间银行系统内，时间币的总量等同于银行专用账户存款。服务承接方与需求方在服务对接前协商服务价值，双方交易属于具备公益性质的市场行为。服务完成后，承接方与需求方会进行双向评估，双方都对服务满意后，算完成一次服务交易。而当双方存在纠纷时，平台会根据服务记录进行介入，充当仲裁调解，以促成交易顺利进行。时间币可以换取的服务包括但不限于老人陪护、家政清洁、儿童托管以及在特定的南沙慈善超市内购买物品和兑换餐券、电影票与各种日用品。

⑤特色服务与模式：在广州市南沙区政府的出资管理和监督下，南沙时间银行探索出的“互联网 +”平台与社区服务模式被列为“全国社区治理和服务创新实验区”典型，在当地深

入人心并在2019年后迅速推广到全市。南沙时间银行的爱心食堂，通过其招募的志愿者，将饭菜亲手送往所需用餐的长者那里，能有效解决老年人的就餐问题，减轻老年人家人的负担。爱心食堂配餐采用定点就餐和送餐两种服务，并且提供午餐和晚餐，获得了老年人的一致好评①。

⑥发展历程：

2013年10月，南沙区建设“南沙时间银行”。

2014年4月，南沙时间银行系统上线试运行，同年7月，开展南沙时间银行“服务月”活动，正式启动南沙时间银行项目。

2015年3月，依托南沙时间银行实施“南沙党代表时间银行”公益项目，“南沙党代表时间银行”站点实现全覆盖，各级领导带头注册成为时间银行会员，各级支部党员亲身示范并带动引领党员、群众参与志愿服务。

2016年，为增强资源与服务对接的便利性，南沙时间银行推出了App应用终端，在线下试点筹建了南北台社区服务站、太石村社区服务站，并探索开展南沙时间银行“爱心食堂”，就近整合社区资源，为居民提供平台服务。

2017年，镇（街）全面推广建设社区服务站，并实行社会化运作，形成南沙时间银行“1+10”的“线上＋线下”服务体

① 秦松. 广州市南沙区推出“时间银行” 探索“互联网+”服务新模式［EB/OL］.（2018-10-17）［2020-11-10］. https：//www.thepaper.cn/newsDetail_forward_2537848.

系；同年6月，“大配餐”项目全面实施，在全区布点建设配餐点。

2018年，南沙时间银行在区民政局的指导下，打造“社区服务综合体”，汇聚党建服务、政务服务、社区服务、市场服务资源，充分发挥南沙时间银行线上线下开展社区服务的技术优势。

2019年，南沙时间银行探索“社区随约服务网上驿站”工作模式，进一步深化线上线下社区综合服务平台建设，为居民提供“随时随地随心”的社区服务网络。

⑦存在问题：南沙时间银行运营最大的困难在于资金和人流量的缺乏，主要体现在政府资金的支持存在运转速度缓慢的问题，这极大限制了平台的发展速度，使得区域资源不能完全顺畅地流通，因而南沙时间银行最终依然只能“归属于”南沙区[①]。

（3）广州公益时间银行

2019年8月，在广州市民政局指导下，广州公益时间银行成立。它是由志愿者协会具体运营的综合性志愿服务平台，汇聚了广大志愿者、社会工作者、社会组织和爱心企业的力量，并整合互联网公募平台（广益募联、公益创投、福彩公益金等），致力于帮助全市11个区的上万名孤寡老人、低保群体和陷入困

① 陈功. 中国特色时间银行案例集——基于13个省市38家机构的个案分析［R］. 北京：北京大学人口研究所时间银行课题组，2019.

境的青少年。由于其活动围绕基层民生、基层社会治理和基础社会服务等重点领域，对广州市社区志愿服务事业的发展有着良好的推动和宣传作用。①

①服务对象：主要面向孤寡独居老人、低收入群体，其重点运营的“耆望成真”微心愿公益服务还特别面向城镇“三无”长者和农村五保供养长者、重度残疾或失能老人、计划生育特别扶助人员、农村留守长者、其他因各种原因需要帮助的困境长者。

②服务类型：包括助残、扶贫济困、社区治理、环境保护等便民服务。广州公益时间银行目前重点开展的“耆望成真”微心愿公益服务为广州全市2000名困难长者提供专业的护理。日后，广州公益时间银行还将陆续开展“志暖夏凉”关爱社区困难长者主题志愿服务活动、“金秋送暖·义心传城”志愿服务大行动和学雷锋月社区志愿服务大行动，意在持续扩大时间银行的影响力，为助老志愿服务“添砖加瓦”，织密织牢困难老年人兜底保障志愿服务网。

③通存取兑：经平台审核通过后，由志愿者或者所在地志愿团队在时间银行在线平台系统中通过“耆望成真”提交申请，服务流程的具体步骤为“愿望申请—平台派单—志愿者接单—群众评单（反馈）”。另外，为了鼓励志愿者注册，平台还为低

① 马泽望，廖培金. 广州“时间银行”累计志愿服务时数67.96万小时［N/OL］. 信息时报，2020-11-11［2021-07-10］. https：//www.xxsb.com/content/2020-11/11/content_126064. html.

龄活力老人提供了“注册大礼包”，60 岁以上的志愿者能够获得 1∶1.5 的积分兑换比例（其他志愿者的兑换比例为 1∶1），兑换的服务可享受 20% 的折扣。

④运营情况：截至 2020 年，广州公益时间银行的注册志愿者达到 11.9 万名，50 岁及以上志愿者约占 10%，累计活动为 9540 个，累计志愿服务时长 67.96 万小时，服务人数超过 350 万人次。其中，平台联动了广州市 201 个社工服务站，引导志愿者参与上门探访、送餐派餐、义修义诊等活动。志愿服务时数排前 100 名的注册志愿者中，广州低龄活力老人占比达到 60%。运营上已形成了“党委领导、政府主导、社会协同、公众参与”的机制，可谓是时间银行的“广州模式”[①]。

2. 深圳时间银行

深圳市华海幸福时间银行老人关爱中心（以下简称“华海幸福时间银行”）正式成立于 2019 年 6 月，是深圳市民政局为解决社会养老重大难题而创新性批准成立的慈善机构，是深圳唯一立法开展时间银行研究的专业性试点单位，是由贾海霞博士负责投资建设、以“互联网 +”形式运营的互助服务公益组织。自 2013 年开始，贾博士一直在探索深圳时间银行的发展模式，致力于解决社会老龄化产生的一部分养老难题。根据深圳

①黄艳，廖培金．“耆望成真”微心愿公益服务上线［N/OL］．信息时报，2020-07-24［2021-10-13］http：//www.xxsb.com/content/2020-07/24/content_111628. html.

人口结构及对老年人情况的调研结果，华海幸福时间银行确立了发展的战略——致力于为老年人提供人文关怀服务、心灵呵护服务、临终关怀和健康管理服务。华海幸福时间银行累计组织500余场活动、关爱近2000位老人，参与志愿者3000余人，累计服务时长20000多小时，得到中国改革网、学习强国平台、深圳电视台都市频道等多家媒体报道。

①发展历程：

2018年至2019年，承接深圳市计划生育协会“入户关爱”项目，开展机构走访，调研深圳各行政区、街道和社区。

2019年6月，华海幸福时间银行被批准正式成立。

2019年6月，深圳时间银行App 2.0版本、深圳时间银行小程序2.0版本开发完毕；截至2020年7月，深圳时间银行App 3.0版本、深圳时间银行小程序3.0版本开发完毕，已投入运营使用。

2019年6月，华海幸福时间银行爱心驿站及互助小组正式成立，数百位老年人加入其中，这种低龄老人关爱高龄老人的推广模式，是深圳市时间银行发展的里程碑事件。

2019年7月，在市委党校举行三期培训班，对400名志愿者进行专业化的培训，截至2020年7月已累计培训2000人次。

2019年11月，中国老年学和老年医学学会志愿与公益分会成立，华海幸福时间银行受聘为常务理事单位。

2019年12月，开展的社区关爱老人活动，得到深圳电视台、中宣部“学习强国”、深圳新闻网、福田网等的报道。

2019 年 12 月，中国改革网发文报道华海幸福时间银行与养老服务模式创新。

2019 年至 2020 年，承接深圳市福田区委政法委“智慧养老服务”项目，入户关爱 600 余户失独、残独老年家庭，开展 48 场社区为老服务活动。

2020 年 6 月，获得“深圳市计划生育协会优秀服务队”称号，5 位志愿者获得“深圳市计划生育协会优秀志愿者”称号。

2020 年 7 月，华海幸福时间银行党支部正式成立，现有 20 位正式党员。

2020 年 8 月，承接深圳市文化广电旅游体育局“文化进社区”项目，组织开展社区服务类的文化演出，推广互助养老的理念。

至 2020 年 10 月，已经在深圳罗湖区、福田区、宝安区、龙岗区等区域开展时间银行试点，通过长者助行项目已经走访、调研盐田区 19 个社区，取得了良好的社会效益。

2021 年 9 月，盐田区民政局委托华海幸福时间银行在该区进行时间银行互助养老试点。

②服务内容：

1）走进养老院，关爱老人服务

华海幸福时间银行陆续走访了莲花北华龄颐康之家养老院、上梅林新兴社区颐康之家、益田社区颐康之家、下梅林梅京社区颐康之家、福田区福利中心养老机构等多家养老院，累计招募深圳青少年志愿者 550 人次开展走进养老院关爱老人活动。

志愿者为老人送去问候和祝福，了解他们基本的生活状况；为老人打扫卫生，倾听他们讲述往事；为老人带去精心准备好的文娱节目，与老人互动，其乐融融；合唱经典歌曲、朗诵经典诗词，向老人表达感恩、尊敬之情。这一系列活动为生活在养老院的老人带去欢声笑语、带去心灵上的慰藉，同时让他们感受到青少年志愿者的朝气和社会的温暖。

2）社区入户关爱

为更好地服务社区老年人，提倡互相帮助、互助关爱的理念，华海幸福时间银行成立了爱心驿站和互助小组，倡导低龄老人服务高龄老人的时间银行服务模式，累计走访了宝安区松岗和燕罗街道社区，福田区莲花社区、长城社区、益田社区以及南山区桃源社区、蔚蓝海岸社区等 10 余家社区，截至 2021 年 10 月，已在 60 多个社区进行宣传推广及志愿者招募，累计关爱空巢、孤独、退伍军人等老人 5000 余人次。通过入户的方式摸清社区老人情况，为老人提供心灵呵护服务和人文关怀服务，增强志愿者的社会责任感，让志愿者了解社会，关注庞大而特殊的老年群体，从中学会关爱他人，懂得感恩，尊敬长者，也提高了志愿者对弘扬传统美德的意识，做到“老吾老以及人之老”。

3）志愿者培训

2019年7月，华海幸福时间银行在福田区雅枫国际酒店会议室开展智慧养老服务的志愿者培训，300位志愿者参加培训；2019年8月，在市委党校开展助老服务的临终关怀培训，200位志愿者参加培训。截至2021年10月，已在60个社区培训并招募志愿者近5000人。

理事长贾海霞作为主讲人，在每次长达两个多小时的授课、讲解过程中，理论联系实际，用生动、鲜活的案例，具体阐述了志愿者的定位、志愿者应该坚守的理念、如何关爱老人和能够创造的各种价值。

通过培训，志愿者明白了参与志愿工作是作为社会人的权利和义务有效结合的形式，在服务他人、服务社会的同时，自身也得到了提高、发展和完善，精神和心灵得到了满足。因此，参与志愿者工作既是“助人”亦是“自助”，既是“乐人”也是“乐己”。志愿服务个人化、个性化的特征，可以有效拉近人与人的心灵距离，减少疏远感，对缓解社会矛盾、促进社会稳定有一定的积极作用。

长城社区志愿者表彰活动

综上所述，华海幸福时间银行长期从事助老爱老服务，在社区入户走访、人文关怀、心灵呵护、培训指导等领域具有丰富的理论和实践经验。在时间银行的推广方面，福田区长城社区时间银行、益田社区时间银行、田面社区时间银行均进行了挂牌，取得了很好的实践经验。

③项目相关评价：

1）同行业认可

2019年11月3日，中国老年学和老年医学学会志愿与公益分会成立大会暨2019“时间银行”研讨会在北京国家会议中心举行。华海幸福时间银行理事长贾海霞应邀出席，大会聘请贾海霞为中国老年学和老年医学学会志愿与公益分会第一届委员会常务理事。

2019年9月7日，2019中国老年医学和老年健康产业大会在山东济南召开。华海幸福时间银行作为全国时间银行代表受邀参加，理事长贾海霞作为代表发言，阐述了我国时间银行的发展现状、面临的发展困难及对应的解决方案，并对深圳时间银行的发展、助老服务的开展情况进行了详细的介绍，获得与会代表一致好评。

2）志愿者认可

2019 年 9 月 20 日，第七届中国公益慈善项目交流展示会在深圳会展中心举行。华海幸福时间银行应邀参加。参展期间，理事长贾海霞与各地慈善团体就志愿服务理念和方法进行了充分的交流和沟通，相互学习，合作共赢。

此外，理事长贾海霞对参展的志愿者进行了培训，讲述了深圳时间银行的定位、服务理念与服务对象等。志愿者纷纷表示受益匪浅，并对深圳时间银行给予充分的肯定与赞美，表示将继续参加类似的活动，感到非常有意义。

3）大赛认可

2019 年 7 月，由深圳市社会公益基金会承办的宝安区慈善会第四届公益慈善项目大赛决赛在深圳市宝立方中心举行。华海幸福时间银行凭借“智慧养老服务”公益项目从 105 个参赛项目中脱颖而出，荣获大赛第 18 名的好成绩！

本次大赛历时 2 个月，华海幸福时间银行项目从初赛 105 个项目评选中获得第 7 名，复赛 35 个项目评选中获得第 14 名，一路挺进决赛。决赛路演现场，华海幸福时间银行围绕社会老龄化情况、项目解决的社会问题、养老服务项目策略、有效的项目成果等方面进行项目展示。理事长贾海霞在路演现场回答评委提问，最终团队取得第 18 名的成绩。

4）媒体认可

【老有颐养】"时间银行"在深圳长城社区落地 探索互助养老新模式

深圳学习平台 2019-12-27 ＋订阅

作者：刘屹龙 何静

12月22日，深圳市福田区长城社区的老人们度过了一个温暖的冬至。当天，深圳市华海幸福时间银行老人关爱中心(以下简称深圳时间银行)在该社区举行了授牌仪式，医疗卫生专家志愿者为老人进行义诊；30余名志愿者对老人悉心关怀、开展各类服务；社区青年及青少年志愿者还和社区低龄老人将亲手包的饺子送到高龄老人之家，为社区二十位老人过生日，老人幸福的笑容比冬日的暖阳更灿烂。

"学习强国"报道深圳市华海幸福时间银行活动

深圳报业集团 深圳商报 读创
SHEN ZHEN PRESS GROUP
报刊切换

9月25日下午，一场别开生面的《生态·人口》文化演出专场在福田区福保街道益田社区文化中心广场拉开帷幕。同时，由深圳市华海幸福时间银行老人关爱中心推出的爱心驿站和时间银行联盟也举行了启动仪式。

福田网 FUTIAN.COM.CN

社区养老模式的先行探索与实践 时间银行在园岭街道长城社区落地

2019-12-26 来源:深圳新闻网 编辑：何静

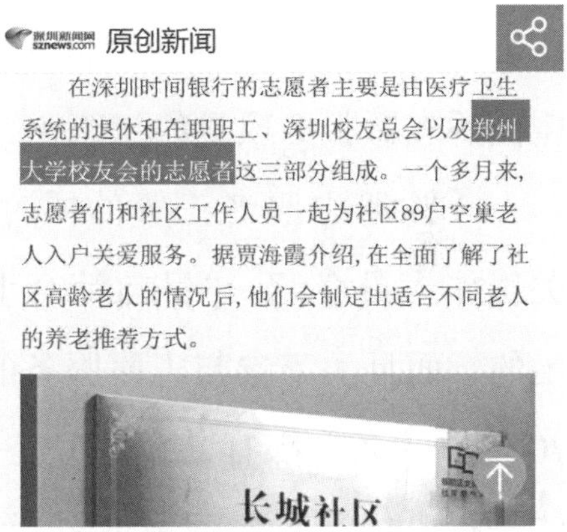
深圳新闻网 sznews.com 原创新闻

在深圳时间银行的志愿者主要是由医疗卫生系统的退休和在职职工、深圳校友总会以及郑州大学校友会的志愿者这三部分组成。一个多月来，志愿者们和社区工作人员一起为社区89户空巢老人入户关爱服务。据贾海霞介绍，在全面了解了社区高龄老人的情况后，他们会制定出适合不同老人的养老推荐方式。

深圳媒体报道华海幸福时间银行活动

华海幸福时间银行开展的系列活动，发扬了“奉献、友爱、互助、进步”的志愿者精神，弘扬了无私奉献、敬老助老的中华民族传统美德，赢得了社会各界的一致肯定，深圳各大新闻媒体平台进行了多次报道，体现出政府部门以及社会各界对老年人群的关怀和关爱。

3. 长沙时间银行

2011 年，长沙星沙街道在望仙桥社区成立时间银行。望仙桥时间银行并非一个独立的机构，而是望仙桥社区服务中心在政府倡导下开展的一个针对空巢老人的志愿服务项目。2016 年，民政部等联合印发《城乡社区服务体系建设规划（2016—2020 年）》明确提出："在城乡社区推行志愿者星级认定和嘉许制度，健全'爱心银行''时间银行'等志愿服务回馈制度，推进社区志愿服务经常化和常态化。发扬农村邻里相亲、守望相助传统，开展以生产互助、养老互助、救助互助等为主要形式的农村社区互助活动和志愿服务，增强农村居民自我服务能力。"这份文件表明了政府层面对于时间银行实践试点的鼓励和支持，也是望仙桥志愿服务项目的初衷。

①注册志愿者：望仙桥时间银行有志愿者 2000 人。据相关工作人员介绍："目前社会上志愿服务的人力资源是非常充足的，而且大家参与志愿服务的积极性很高，从 20 岁的学生到 70 多岁的老人都有，大部分是来自本社区的志愿者，年轻人群体是提供志愿服务的主力军。"累计服务时长为 2 万小时以上，服务对象主要针对望仙桥社区居民，人数 3 万— 4 万。

②运营方式：由于望仙桥时间银行仅属于社区服务中心的一个项目，并没有专项资金支持，志愿服务仅利用社区服务中心的现有资源开展，志愿者也基本为无偿服务性质，工作人员隶属于社区服务中心，合计 20 多名，没有专人负责时间银行项目，故此也没有从事时间银行项目的工作报酬。工作人员的酬

劳为底薪加绩效，平均年薪5万到6万，年龄在20到50岁之间，其中时间银行发起者范光顺主任有着长达7年的时间银行实践经验。

望仙桥时间银行采用“网格化管理”，共计13名“网格员”，每个“网格员”负责所划定的区域的相关事宜，比如“网格”内居民的个人诉求和对社区工作的反馈。反馈方式通常为热线电话，由居民提出具体需求，网格员则根据需求的种类和时长转给相关志愿者（志愿者的详细信息此前会在系统中统一录入以供查询）。社区服务中心配有一个专用的志愿服务队工作室，确保居民需求可以得到切实有效的满足。

③服务类型：结合社区服务中心本身组织的活动，望仙桥时间银行的服务包括但不限于公共的文体活动、大型社区展演（如唱歌跳舞、手工书法、亲子阅读等），小学生“四点半课堂”、课后作业辅导、寒暑假夏令营，青年搬家求职帮助服务，独居老人关爱活动、生活起居照料，老年大学远程授课服务、培训课程等。

另外，望仙桥时间银行还在街道办事处定期举行经验交流会与培训会，与周边的大专院校开展结对合作，例如将社区作为学生的实践基地，打造学生的“社会实践课程”，充实学校的德育教育体系。望仙桥时间银行也与社会组织合作，将心理咨询和法律咨询开展得“如火如荼”，其中针对抑郁症患者的咨询辅导取得了良好的成效；每月8日，会有专业律师入驻时间银行，为居民提供免费的法律知识科普讲座和维权咨询服务。

④通存取兑：望仙桥时间银行采取纸质表格登记的方式对志愿者个人的服务内容和时长进行记录，大型活动则会使用社区服务中心标准制式的签到表进行登记，而一些上门服务则会依照被服务方的反馈来记录，方法较为原始。

通兑仅适用于“服务换服务”，不存在实物奖励。每年年底时，会联合众社区举办“感动星沙志愿服务人物”评选，获奖志愿者将会被表彰，给予一定的物质奖励，同时社区也会对获奖志愿者的事迹进行征集与宣传。每年年初，街道办会开展一个“追梦”活动，与会人员可以畅谈自己的新年梦想和对未来的展望，并为新的一年立下目标①。

⑤相关事迹：湖南省的新闻报道中提及了望仙桥社区诸多志愿者的故事，列举摘录如下：

1）2016 年 3 月 11 日，几位望仙桥社区志愿者去茶叶市场专程看望 70 岁的陈老爹，陈老爹是“时间银行”的志愿者，积极参与志愿服务的他已经积累了几百个小时的服务时间。最近陈老爹病了，前来探望的志愿者纷纷表达对陈老爹的关怀，简单几句“陈爹，听说您前几天住院了，我们来看看。您只管安心养病，家里有什么困难，给我们打电话就是了”，透露出社区居民间浓浓的情谊。提起时间银行项目，社区居民黄女士便不住点头夸赞。“儿子在国外，很久没见面了，特别想他……想和

①陈功. 中国特色时间银行案例集——基于13个省市38家机构的个案分析［R］.北京：北京大学人口研究所时间银行课题组，2019.

他聊聊视频，但自己又不懂电脑……”知道黄女士的情况后，社区很快派年轻的志愿者来到黄女士家中，帮她解决了这个困扰。而后，黄女士也加入了“时间银行”的志愿者团队中，主动为学生辅导功课，参加腰鼓队为居民演出①。

2）2018 年 6 月，星沙文化广场的一个亭子里，每天上午都会上演一场热闹的音乐会——一群老人聚在这里拉二胡、吹口琴、唱红歌，惹得行人纷纷驻足观看。据悉，这场独特的音乐会的组织者是 72 岁的刘景云和她的老伴，老人表示组织这种活动是她的一大爱好，但同时也是为了让众多和她一样的空巢老人得到快乐。刘景云夫妇正是望仙桥社区的居民，他们的儿子移居美国 14 年未归，夫妇俩常感到孤单寂寞。在机缘巧合之下，两位老人得到了社区志愿者的帮助，并得知了“时间银行”项目，他们便萌生出了加入的想法。在往后的日子里，夫妇俩时常利用余暇组织一些空巢老人的活动，他们致力于在“时间银行”里面存快乐，这让他们生活变得很温暖。

⑥存在困难：志愿服务记录方式过于原始，规范线上活动需要借助互联网的力量，因此需要一定的人力物力财力来开发一些 App、小程序改善这种窘境。工作人员工作量大而繁杂，但待遇较差，人员管理上还需要加强。望仙桥时间银行项目依然面临难以“走出去”的问题，宣传推广有待进一步加强。

①李文婧. 长沙县：在“时间银行”，志愿者可存服务时间享免费服务［EB/OL］.（2016-03-11）［2020-08-11］. http://hun.wenming.cn/zyfw/201603/t20160311_3205119.html.

⑦稳定性与可持续发展：目前，工作人员和社区居民都对时间银行项目的发展抱持着积极的态度，具体来说，只要社区服务中心正常运行，时间银行的项目管理就不存在“断档”的风险。随着社区居民和周遭社会组织对时间银行项目的认可度不断提高，时间银行可以提供的服务也不再是暂时性的，而是长期稳定持续的服务。

工作人员表示，为了实现时间银行的可持续发展，今后他们将会增加与周边学校的合作，希望能够提高学生们的公益意识、培养学生们进行志愿服务的习惯和观念。

4. 武汉时间银行

武汉时间银行主要有百步亭时间银行、武汉市芳邻时间银行、首义美好时间银行。

（1）武汉市江岸区百步亭社区志愿者服务中心时间银行

武汉市江岸区百步亭社区志愿者服务中心时间银行（以下简称“百步亭时间银行”）由舒曼、顾虹发起成立，活动开展于江岸区百步亭社区党员群众服务中心。

早在百步亭时间银行设立前，社区中“有时间做志愿者，有困难找志愿者”的观念就已经深入人心了，不过那时志愿者服务的记录并不规范，详细的服务信息记录并不明确，亦有部分志愿者觉得“志愿服务如果记录太过详细难免有功利之嫌”，故而主动放弃记录。为了转变这一观念，百步亭时间银行打出“存储爱心，支取快乐”的宣传口号，努力带动更多的志愿者参与社区治理，加强志愿服务制度的建设，使“奉献、友爱、互助、进步”成为社区志愿的精神和理念，并探索出一套“建组织、做服务、树文化、强管理”的社区邻里守望志愿工作模式。

①注册志愿者：40000 人，其中 30000 人被录入了中国社区志愿服务网。社区现有 1 个志愿服务中心，28 个志愿服务工作站，820 个志愿服务小组，200 个志愿服务队。志愿者的平均年龄在 55 岁，具体的年龄跨度很大。据悉，年龄最小的志愿者 6 岁，最大的志愿者 90 岁。志愿者主要来源于社区、周边银行、学校、税务局，其中不乏义工经历 15 年以上的骨干志愿者。

②运营方式：2014 年百步亭时间银行成立之初，其运营经费主要来源于政府提供的居委会办公费用。2015 年之后，时间银行的运营经费改从惠民基金中获取，每年约 20 万元。2018 年，社区组织的“贴心关爱志愿服务队”被湖北省政府评为 A 级志愿服务项目，拨款 3 万元赞助。以上经费皆用于购买活动物资和生活用品。据悉，亦有个人对时间银行的发展予以资助，比如在 2015 年以前，百步亭集团董事长每年会自费给星级志愿者订阅报纸。

百步亭时间银行现有 3 名全职员工，整个社区另有 27 名兼职员工（多为居委会工作者和楼管员）。员工平均年龄在 30—35 岁之间，受教育水平为大专及本科。根据内部规定，工作满 5 年并熟悉志愿服务工作流程的员工才能够担任志愿服务管理工作。目前百步亭时间银行尚无专用的活动场地，社区党群活动中心的各个活动室会临时充当活动地点以正常开展志愿活动。

③服务类型：志愿服务主要采取线上线下相结合的形式，即线上记录服务时长，线下开展活动。活动主要包括组织社区元宵节花灯展、帮邻居买菜、陪老人聊天、社区巡逻、为失能老人理发、给空巢老人做饭、述职会议考评打分等。由于失能老人的照料有较高的专业要求，考虑到志愿者的资质和稳定性，社区最终没有将失能老人照料服务纳入志愿活动。

④通存取兑：居民参加完志愿活动后，将会通过“志愿服务登记表”手动登记相关信息，由队长签字后录入电脑。志愿服务记录系统规范，只针对百步亭时间银行举办的公益类活动，不涉及居委会管辖范围内的志愿活动。志愿者积分兑换规则为服务兑换实物，每季度或每半年将会举办一次实物回馈活动。

⑤相关事迹：2015 年 10 月的一则新闻报道了百步亭时间银行的社区志愿服务奖励，在相关报道的图片中可以看到志愿者带着自己的“志愿服务记录本”兑换卷纸、塑料盆等生活用品，脸上露出了和善的笑容。居委会书记对此发表了自己的感想：“志愿服务无价，回馈绝不可能等值。我们提倡有时间做志愿者，也要记得把关爱给志愿者。”①

⑥存在困难：时间银行的概念未被广大志愿者接受。主要

①李姗，付一纯．武汉百步亭推出“时间银行”奖励社区志愿服务［EB/OL］．（2015-10-27）［2020-10-08］．http：//www.wenming.cn/syjj/dfcz/hb_1679/201510/t20151027_2932998.shtml.

的问题在于，志愿者认为“志愿”应该不求回报，存储时间币有违志愿活动的初衷。同时，经费短缺可能导致项目运作陷入停滞。2015 年后，项目经费的主要来源是政府提供的 20 万元惠民基金，如果这一来源被“掐断”，项目将难以维系。

⑦稳定性与可持续发展：社区志愿服务中心主任对时间银行模式持消极态度，认为中国社区的邻里友爱氛围无法接受“储存和兑换”的交换模式，在国外成功的例子未必能适合中国。此外，中国“养儿防老”的传统观念深入人心，目前的养老主要模式仍然是居家养老，这也变相阻碍了时间银行的发展。工作人员表示，不应将时间的存取视为对等的付出和索取，时间的记录应当是一种中华民族传统美德的特殊储蓄，过分强调回报和索取将会使志愿服务失去原本的意义。

（2）武汉市芳邻时间银行

芳邻时间银行由李杰、蔡俊发起成立，位于湖北省武汉市东亭社区。

①核心理念与创立初衷：芳邻时间银行的创立初衷是关爱老人和帮助困难群体。2017 年，芳邻时间银行创始人蔡俊任台湾在宅支援诊所联盟顾问，在中国台湾和日本考察了大量的“共创共生社会建设”实践，深受启发，开始思考和研究“共创共生社会如何可持续发展”这一命题。蔡俊团队结合时间银行的基本理念，发挥 IT 领域的优势开发了一套自己的时间银行系统。2020 年 7 月，系统 2.0 版本正式上线。

②注册志愿者：芳邻时间银行目前有注册志愿者 32 人，年

龄从 18 到 80 岁不等，主要来自附近社区，以退休职工居多，亦有部分学生志愿者。累计服务时长为 51000 小时。

③运营方式：芳邻时间银行财务费用来源于李杰等企业家的个人捐赠，经费支出包括日常维护费用和活动开销。蔡俊表示，他更乐意将时间银行系统称为“时间银行运营平台”。作为一个平台来说，要能够满足不同的需求，而管理系统的设计一般有固定应用场景和固定管理流程模式，同时更注重用户指标，如用户黏性和用户裂变程度（暂且无法得到更具体的平台管理情况）。目前芳邻时间银行的管理人员共 3 名，学历均为大专，年龄在 40—50 岁之间。

④服务类型：芳邻时间银行举办了相当多的线下活动，包括“老年食堂”“社区夏令营”“重阳节敬老”，以及一些定期讲座和宣传活动。

⑤通存取兑：在成立早期，芳邻时间银行的记录方式为人工记录，后利用自行开发的小程序进行记录。活动基本流程为注册认证—领取任务—到指定地点签到—完成签退，总体上简单易操作。兑换标准规定，认定的一小时积分等价于 10 元人民币，但可以用于兑换实物的比例仅为 30%，且兑换范围也仅限于机构内部。积分转赠比较灵活，一般由个人或团队负责人在 App 内进行登记，确认完毕后即可完成捐赠操作。在兑换方面，并不存在明显的滞后性，即便志愿者需要立即支取积分兑换物资，也能够较快满足要求。

⑥存在困难：主要是政府方面的支持匮乏。尽管目前的经

费得以支撑基本运营，但负责人仍然表示，希望政府能够在“精神层面的奖励基础上增加实际的资金投入”。

⑦稳定性与可持续发展：目前，工作人员对时间银行的运营和发展持积极乐观的态度，工作满意度较高，当地社区和相关企业家都对芳邻时间银行的活动给予了高度重视。负责人表示，时间银行的本质并非为了交换，而在于人与人之间的联结，在这个过程中，交换仅仅是帮助人们敬老爱老的手段。为了实现可持续发展，机构本身还需要不断“升级改造”，推进相关的志愿服务，促进养老敬老活动的铺开。

（3）武汉市武昌区首义路街江零社区“首义美好时间银行”

首义美好时间银行是武汉市首个用“时间银行”理念助推社会公益事业的政企合作新模式，是首义路街办事处携手美好集团公益中心、中国人民财产保险公司共同创建的，位于湖北省武汉市首义街道。

①创立初衷：项目创立的初衷也是应对即将到来的老龄化社会，试图探索社会治理的创新实践，符合构建和谐社会的总要求。

②注册志愿者：120 人，志愿者一半以上来自邻近的江零社区，年龄从 18 到 80 岁不等，主要是退休活力老人和一部分青少年。累计服务时长为 30000 小时。

③运营方式：作为社会福利机构，首义美好时间银行的运营经费由政府和美好公益基金提供。成立至今，项目组约有 10

名管理人员，包括3名主要负责人和志愿服务队队长，除此之外的员工皆为兼职，包括基金会定期派遣的2名协助人员和江零社区的负责人。基金会的成员较为年轻，年龄在20到30岁之间，具有本科以上学历。社区职工则在60岁以上，以初高中学历为主。

首义美好时间银行拥有独立的办公楼，位于江零社区，办公楼共三层，占地面积达400平方米，内设服务咨询台和活动区域，一层为专门的首义美好食堂。

④服务类型：线下活动，包括但不限于“首义美好老年食堂”“社区日间看护”“儿童小讲堂”“社区免费理发”等。

⑤通存取兑：首义美好时间银行采用线上App记录，志愿者可登录由美好公益基金研发的“美好益家”App进行注册认证，之后的志愿服务相关事宜便可在App上处理完成。此外，系统会根据志愿服务预先设定的难度将任务分级，单位时间内分别积6分、3分、2分。部分不能提供服务且有大量服务需求的高龄老人，会由时间银行的工作人员进行评估后给予无偿服务。志愿者也可基于自身意愿将服务时间进行转赠。需要注意的是，时间银行中的时长兑换存在数月到半年的滞后性，主要是考虑到大部分志愿者会在过年时将时间兑换为物资，而平时兑换的需求量很低。在一些特殊情况下，时间银行也会临时加派人手提供“应急服务”。

⑥相关事迹：

2018年3月21日，首义路街江零社区居民徐琼芾老人在首义美好食堂吃完长寿面后，当场赋诗两首："年逾古稀逢盛世，日食三餐讲爱心；精准扶老新作为，敢为人先赞江零""今天日子不平常，春分时节幸福长；社区为我过生日，八旬人生第一张"，以表达对由"首义美好时间银行"保障运行的首义美好食堂的赞誉。老人还用手机将自己每天在首义美好食堂的就餐情况拍照保存，称之为"幸福的沉淀"，并说"幸福需要慢慢品"。

2018年3月21日，武汉市委宣传部部长李述永到首义美好时间银行进行调研，大力赞赏了街道实行的"党建为引领，政府为主导，居家养老为基础，社区服务为依托，公益企业为支撑，居民群众广泛参与"的做法。她勉励街道社区要借鉴首义美好时间银行的成功实践，不断推动志愿服务制度化、常态化发展。

⑦存在困难：负责人指出，就目前的情况来看，服务覆盖的深度和广度还有待加强，其他方面暂时运营良好，没有遇到太大困难。

⑧稳定性与可持续发展：工作人员对首义美好时间银行的发展持乐观态度，认为这是老人服务工作和当地志愿工作开展的重要前进方向。在监管机制上，"党建引领、政府引导、公益组织协同参与"的形式效果良好。为了实现可持续发展，首先，首义美好时间银行还需要更多政府层面上的支持，包括政策鼓励和资金援助；其次，需要适时加大宣传力度，目前项目的运营情况仅作为地方性经验宣传，知名度有限，大范围地推广传

播仍然无法实现；最后，由于项目运营主要依托于美好公益集团和社区志愿服务队，无论在志愿者数量抑或是专业性上都存在不足，因此急需更多公益组织与志愿团队的加盟，以扩大时间银行的影响力。

5. 南京时间银行

在南京市，2005 年先出现了南京兆园时间银行，接着 2012 年成立了南京养老服务时间银行，2019 年南京市政府统筹资源，成立了南京市时间银行。

（1）南京兆园时间银行

2005 年 8 月，南京市建邺区滨湖街道兆园社区主任王慧敏发起成立南京兆园时间银行。当时，小区老龄人口数量不断增加，越来越多的老人都赋闲在家无所事事，时间银行项目的成立是为了多多少少改变一些现状。时间银行的口号是“今天我帮你　明天他帮我”，致力于形成社区群众互助友爱的良好氛围。

①注册志愿者：截至 2012 年 8 月，兆园时间银行有注册志愿者 1200 人以上；志愿者多为 50 岁以上的退休老人，另有非社区的大学生；累计服务时长为 18000 小时。

②运营方式：兆园时间银行有一套时间货币制度，分为四个机构类别：其一，时间货币维护机构，通过雇用专员管理时间货币；其二，时间货币仲裁机构，主要负责评估志愿服务，根据服务的质量与种类进行分级；其三，时间货币纠纷解决机

构，负责解决成员在支付货币与接受服务时产生的矛盾与纠纷；其四，时间货币的外部协调发展机构，处理对外事务与合作洽谈事务。其资金来源未能详细获取，少量来自政府支持。

③服务类型：包含30多类服务，比如青少年教育、家政服务、护绿养绿、法律援助、民事纠纷调解、家电维修、自行车修理、健康咨询、下水道疏通、婴幼儿护理等。

④通存取兑：兆园时间银行采用红色存储卡的方式记录志愿者服务与支取的时间，方法较为原始。根据服务时长，志愿者被划分为不同的会员荣誉等级，共五星级。服务时长超过200小时，被评为一星级会员，由所在社区支行表彰，进行家门挂牌，并给予200元物质奖励；服务时长超过500小时，被评为二星级会员，由街道总行表彰，进行家门挂牌，并给予400元物质奖励；服务时长超过1000小时，被评为三星级会员，由街道工委表彰，进行楼栋挂牌，并给予700元物质奖励；服务时长超过1500小时，被评为四星级会员，由街道工委表彰，进行小区挂牌并制作个人宣传册，给予1000元物质奖励；服务时长超过3000小时，被评为五星级会员，由街道工委授予特别贡献奖，并给予1500元物质奖励及终身优惠获取他人服务[①]。

⑤相关事迹：2007年的新闻报道中提及了“一个孩子七个

① 陈功. 中国特色时间银行案例集——基于13个省市38家机构的个案分析［R］. 北京：北京大学人口研究所时间银行课题组，2019.

妈”的故事：

兆园社区一个出生后即丧母的8岁小女孩，与身患残疾的父亲两人相依为命，王主任和居委会的女社工们看到这个家庭的情况，很受触动，于是她们主动成为小女孩的“母亲”，担当起照料小女孩的生活和学习的重任，甚至在孩子住院时也争相探望，悉心呵护。小女孩感到了七个妈妈传递给她的温暖和无私的爱，当她得知原来妈妈们都来自一个叫作“时间银行”的组织时，便主动要求成为“时间银行”的小成员。日后，人们经常可以在社区看到小女孩的身影，她有时候出现在孤单的老爷爷身边，陪伴老爷爷聊天，帮助老爷爷打扫卫生，有时候，她出现在老奶奶身边，给老奶奶读报纸、讲故事、表演小节目。社区的爷爷奶奶们都很开心，小女孩也在这个过程中收获了满满的情谊和爱①。

⑥存在困难：时间银行制度完善，但执行力度不够，很多的相关措施都没有落到实处，仅停留在纸面、口头上。由于时间银行是依附于社区委员会，专职人员不足，亦缺乏专业化的管理，这使得时间银行难以持续稳定运作。再就是服务支取信息问题，由于起初制订的规则过于烦琐，加之当年的信息化程度远低于今日的水准，服务提供者与接受者需要先协商达成合作意愿，才能再去时间银行进行相关登记，如果单位时间内支

① 南京有家“时间银行”［EB/OL］.（2007-09-18）［2020-10-11］http: //jrzb.zjol.com.cn/html/2007-09/18/content_2786150.htm.

取服务的人数过多，就会出现“时间银行排队”情况，这也在很大程度上抑制了发展。另外还存在服务目标分散的问题，如果遇到需要长期照护的老年人，通常难以保证稳定持续、高质量、专业的服务。

⑦稳定性与可持续发展：现如今，已经很难在网上查询到南京兆园时间银行的消息了，我们无法确定南京兆园时间银行是随着时间已经消逝在历史的长河之中，还是依旧留存着一个小小的火种，在隐秘的角落散发着微弱的光芒。

（2）南京市养老服务时间银行

南京市养老服务时间银行由史秀莲于2012年发起成立，位置在南京市玄武门后宰门东村。南京市养老服务时间银行对其运作方式进行了定义，认为“时间银行”是一种互助养老方式，其特点为公益性、互助性、激励性和持续性。

①发展历程：

2012年，在市民政局的牵头下，南京市养老服务时间银行进行社区级试点，通过社区邻里团结互助、与社会资源联动，来提升为老服务的品质。

2014年，南京市养老服务时间银行进行街道级试点，由公益组织运作；同年栖霞区尧化街道成立街道慈善基金，委托彩虹社会工作服务中心运营。试点同时与银行方面合作，发行中信银行联名卡，具体采取721兑换模式（70%时间币可兑换服务；20%时间币可兑换生活物品；10%时间币可兑换志愿服务）。

2018年，南京市养老服务时间银行进行区级试点，由政府主导、监督，区民政局购买服务，社会公益组织具体运作管理。同年建立相对完善的信息化管理平台，通过统一的数据收集、录入进行志愿者管理。

2019年，南京市养老服务时间银行已在4个区、16个街道、62个社区开展试点，重点帮扶高龄老人，其中不乏失独残独老人、失能半失能老人、重度残疾老人、空巢独居老人，已接受服务的对象超过29000人。

2020年5月29日，央视CCTV-12《夕阳红》栏目重点报道了南京市养老服务时间银行的运作情况，认为这种服务模式有效缓解了养老服务力量不足的矛盾，有助于塑造人与人之间友善的社会氛围。

②注册志愿者：15000人，志愿者是必须年满18岁的中国公民，注册时需要提供身份证，系统会根据志愿者的申报信息，按照就近原则匹配。上岗前志愿者会先接受相关培训。在志愿服务完成后，服务接受方和提供方会进行双向评价，最终评估结果会影响志愿者的等级和信誉。累计服务时长为547000小时。

③运营方式：经费来自政府投入和社会捐赠两部分，主要用以支撑日常运营管理、特邀专家花费、志愿者活动开展及表彰、奖励等。志愿者常规激励机制包含年度评选，根据志愿者的表现来颁发证书、奖状，由第三方独立机构进行监管。

④服务类型：服务较多，较杂，有专业服务，也有家政服

务，志愿者是否可持续性服务值得观察，具体服务类型如下：老年人生活照顾（协助更衣、床上移动、温水擦拭、洗头理发、趾甲护理、面部清洁、协助进水进食、足部清洁）；医疗护理（生命体征检测、中医推拿、压疮预防及护理、口腔护理、翻身协助、留置尿管护理、会阴护理、失禁护理、安全护理）；精神关爱（心理咨询、文娱活动、法律咨询、养生讲座）；家政服务（家务料理、日常衣物清洗、床单被褥清洗、窗帘换洗）；即时代办（上门送餐、网络代购、陪同拿药、接送孩子）；维修服务（家电、线路、家具、非机动车维修）；老少互助（儿童教育、老年教育、宠物托管、社区公共服务）。

⑤通存取兑：截至 2019 年，南京市养老服务时间银行以“南京市市民卡”为存储媒介，记录时间银行管理信息，以分钟为单位进行时间存取。兑换规则指出，所有兑换服务必须在志愿者年满 60 岁之后方可使用。另外，设有时间转赠规则，即志愿者可转赠一定时间至符合条件的其他时间银行账户中，或转移时间到具有继承关系的亲属处。2018 年建立的通存取兑规则统合了兑换标准，以时间兑换时间，服务兑换服务。

⑥存在困难：服务群体划分不明，没有明确划分服务对象是否具备接受特定服务的资格。志愿者数量较少，为了宣传时间银行而花费的成本过高，投入与实际所取得的效益不成正比。经费投入是否可持续，需要后续观察。各街道对时间银行概念的理解不统一，存在具体操作系统的不统一。被服务对象，即高龄老人群体对时间银行的概念理解不明晰，部分老人对此产

生不信任与严重警惕，相关工作难以展开。

⑦稳定性与可持续发展：截至2019年，南京市养老服务时间银行在南京市养老服务质量指导中心拥有10名专职员工，平均工资为4500元，主要负责时间银行项目运营管理、业务指导、绩效监督工作。相关负责人与从业人员对当前时间银行的运营表示满意，同时表明由于中国特殊的国情，时间银行的具体实践依然面临大大小小不同的问题，但从业人员对未来充满信心，希望在接下来的时间里能够建立起全南京市统一、权威的时间银行，进而实现全市范围内的通存通兑。政府于2019年7月出台的《南京市养老服务时间银行实施方案（试行）》明确规范了试点运行的方式，并表示了对时间银行试点的大力支持。目前，南京市养老服务时间银行不存在运营经费的困难，主要问题还在于"人"，即社区居民对时间银行理念的理解，当时间银行的概念深入人心之后，南京市养老服务时间银行才能得到更好的发展。

（3）南京市时间银行

南京市时间银行于2019年成立，经过一年的试点，已建立起"政府主导、托底可控、通存通兑"的运营体系。除此之外，还拥有较为完善的志愿者管理标准、服务对象管理办法、应急事件处置方法、智能化信息管理平台和专项基金管理条款，在相关部门的监管下实施分级管理，构建"市区街社"四级联动管理体系，为时间银行在中国本土化的实践探索提供了宝贵的经验。

作为全国最早进入人口老龄化的城市之一，2019 年南京 60 岁以上老年人已达 147 万人，占户籍人口的 21%；65 岁以上老年人 100 万人，占户籍人口的 15%；同时，老年人口数量还在以每年 4%—5% 的速度递增。“421”已逐步成为社会的基本家庭结构，家庭养老压力大，再加上养老服务法律法规的不完善、养老服务专业人员的匮乏，养老成为整个社会必须要面对和解决的问题。南京市政府在这方面做了许多努力，在加快养老服务体系建设的同时，积极探索社会互助养老的特别方式——时间银行，为打造最向往养老之城奠定了坚实的基础。①

经江苏省南京市第十六届人民代表大会常务委员会第十九次会议通过、江苏省第十三届人民代表大会常务委员会第十三次会议批准，《南京市养老服务条例》于 2020 年 7 月 1 日起正式实施。作为南京市养老服务领域第一部地方性法规，《南京市养老服务条例》明确了政府、社会、家庭三方的主体责任，制定了居家、社区、机构养老服务的具体内容，探讨了关于医养结合、人才队伍建设和扶持保障等内容。南京市民政局局长表示，将在《南京市养老服务条例》的法规保障下进一步推动“时间银行”在全市各区全面推广，并建立起“政府主导、通存通兑、权威统一”的时间银行运行机制，扩大社会力量参与，充分缓解养老服务力量不足的问题。

①郑新钰. 南京打造“最向往养老之城”[EB/OL]（2020-11-09）[2020-11-20]. http：//www.cssn.cn/zhcspd/zhcspd_tt/202011/t20201109_5213145.html.

资金支持方面，南京市专门设立时间银行专项基金，每年由政府财政拨款 1000 万元，其余由市慈善总会向社会募捐。专项基金主要用于化解时间银行运行风险，为重点空巢独居老年人发放服务时间，以及志愿者因户籍迁离本市等原因须注销账户时，按照最新公布的非全日制小时工工资标准的 10% 给予一次性补助。目前项目已获得南京市财政启动资金 1000 万元，南京证券股份有限公司捐赠 150 万元。各区也安排专项资金，用于服务供需双方的意外保险、各级服务点的绩效补贴等。

截至 2020 年 7 月 7 日，“时间银行”已覆盖南京全市 12 个区，志愿者申请人数 15309 人，被服务对象人数 9693 人，累计实现志愿时间 5936 小时。按照部署，2020 年 9 月，南京在试点的基础上全市推广。

南京时间银行强调低龄存储时间，高龄兑换服务，为政府分忧，为子女解愁。倡导捐赠服务时间，弘扬志愿服务精神，先从重点空巢独居老人开始：80 周岁以上空巢独居老人，或 60—79 周岁低保家庭中失能半失能的空巢独居老年人；服务内容上，从国家规定的“助餐、助医、助浴、助洁、助急”老人急需的五助服务项目做起，运行成熟后再逐步拓展。

①运营方式：首先，服务需要老人提交订单发起，老人可自行发单，也可通过直系亲属或委托人代为发单；随后，“时间银行”进行派单。老人可自主选择、志愿者可主动接单、服务点也可人工派单。除此之外，还可通过系统自动匹配，就近安排。而志愿者的服务开启也有既定模式，“一种是通过定位系

统，志愿者到达服务点后，点击进入服务模式；如果GPS信号弱，可用第二种模式，扫描预约老人的脸部，向系统证实抵达服务点；如果前两种都不成功，还有第三种开启办法，手动上传服务照片”。当服务结束时，志愿者点击结束选项即可。“时间银行”所依托的大数据平台已使志愿者的服务、评价监管更加智能、便捷。全市建立了统一的时间银行信息管理平台，在“我的南京”App中设立专门的时间银行功能模块，与5个部门10类数据进行实时比对，保证志愿者注册、派单、接单、监管等方面更加智能、精准；同时简化老年人操作难度，增加适老化属性，开发了语音录入、屏幕放大镜等功能。

②发展历程：

2017年，为全面推广时间银行这种互助养老模式，南京专门成立养老志愿服务联合会，通过联合会联络各行各业爱心团体和爱心人士，整合社会资源，为养老行业增添一支公益的服务力量。这为全南京时间银行通存通兑奠定了基础。

2018年，鼓楼试点南京市第一个区级时间银行，线上线下全面启动。志愿者可通过手机小程序和微信公众号登记注册。志愿服务接单、下单及志愿者和服务对象的双向评价也可在手机上简易操作。

2019年8月8日，南京市委市政府召开新闻发布会，公布并解读即将出台的《南京市养老服务时间银行实施方案（试行）》。2019年9月，《南京市养老服务时间银行实施方案（试行）》出台。其中要求各区进行“时间银行”试点，以空巢独居老年人和存有时间的60周岁以上老年人为服务对象，从“助餐、助医、助浴、助洁、助急”等老人急需的服务项目做起；2019年10月底前，完成时间银行管理信息系统的招标和开发；2020年10月15日起时间银行正式在各街道、社区推广。2019年10月南京建邺区桃园居社区试点在支付宝里存储公益时间、兑换养老服务，注册成为“时间银行”志愿者后，可在支付宝里下单、接单、存储公益时间、兑换养老服务，且整个流程将被记录在区块链上，确保“兑换”长期有效。2019年11月20日起，区块链推广到全区，南京市建邺区是全国首个把“时间银行”搬上区块链的地区。

2020年10月26日，鼓楼区卫健委携全体医护人员加入南京市养老服务“时间银行”，成为全市首支医疗专业志愿服务队。2020年11月17日，栖霞区民政局组织区时间银行管理中心、区虚拟养老院来到仙林街道，共同组织开展时间银行培训会；街道组织10个社区的工作人员和4家社会组织负责人参加培训。

6. 上海时间银行

数据显示，2019年上海户籍60岁及以上老年人口518.12万人，占户籍总人口的35.2%，该比例较2018年年末的34.4%提高了0.8个百分点。上海市在1998年开始了时间银行的早期积极探索。经过20多年的摸索，时间银行的实践得到了上海市民政局、中国社会福利基金会的支持及社会各界公益人士、志愿者的积极响应。上海时间银行满足了老年人的休闲、娱乐、理疗、健身等需求，老年人的幸福指数得到提高。

上海市民政局于2020年7月21日发布《关于扩大养老服务“时间银行”项目试点工作的通知》（以下简称《通知》）。《通知》指出，应当扩大时间银行的试点范围，明确时间银行在整个养老服务体系中所处的地位（即辅助性组成部分），试点期间的服务内容以非专业非家政等风险可控的服务为主，同时，进一步加强时间银行的财政保障，充分运用好社会各界资源提高项目的参与度和影响力。《通知》为时间银行项目实践提供了基础政策支持，有利于试点工作的规范和落实。

（1）上海市嘉定区南翔镇社区卫生服务中心的时间银行

①人员构成：该中心工作人员共有150人，专职工作人员3名，主要负责组织管理活动、志愿者信息录入和积分系统的维护。社区卫生中心的工作人员学历均为本科，最小的已有35岁，年薪10万元左右，截至2019年，所有员工皆有3年的项目工作经验。南翔镇社区卫生服务中心设有专门的活动场地，名为志愿者服务站，志愿者可以在大约30平方米大小场地中进行学习交流和休息。志愿活动有较为明确的分工，通常在门诊候诊区、计免区域、针灸区、中医候诊区都有不同的志愿者岗位。志愿者的信息录入系统为IC卡系统，据统计，志愿者总数已超过230人，主要来自嘉定区南翔镇，年龄在25—70岁不等，一部分志愿者为高中生，主要是为了完成学校综合考评要求，故非长期稳定参与的志愿者。社区志愿者则多为55岁以上

的健康活力老人，这部分群体时间相对富裕，能够长期稳定地贡献志愿服务时间。

②服务情况：2016 年至 2018 年，机构志愿者累计服务时长超过 15000 小时，其中最资深的志愿者贡献时长超过 2100 小时，南翔镇社区卫生服务中心会针对优秀志愿者进行表彰和回馈（发放奖杯奖章并对志愿者进行星级评定）。志愿者的服务对象涉及全年龄段，主要为病人及其家属、福利院老人。由于该时间银行的公益性质，运营经费全部来自社区卫生服务中心，没有额外的固定收入来源。

③通存取兑：志愿活动的方式为线上线下结合，志愿者提供服务后，可以在医院大厅使用 IC 卡进行刷卡操作，以 1 积分 / 小时的换算标准积累线上积分，积分系统每年结算一次，未使用的部分将会清零，并非像一般传统的时间银行一样永久保留积分。志愿者通过积分可以兑换一些日常物资用品，包括雨伞、钱包、背包、抱枕、U 盘等，还可以兑换康复器材的免费使用权、体检服务项目以及南翔镇志愿者服务中心的“好心人之家”提供的免费活动参与权（制作口红、制作灯笼、种植多肉植物等）。兑换汇率基本按照所兑换商品服务的市场价格来决定，例如一次体检服务为 300 元，则志愿者需要 300 积分才可以兑换。需要指出的是，当志愿者服务中心提供的活动资源较多时，只要正式注册，志愿者们都可以免费获取活动参与权。

④存在问题：积分系统相对独立，这使得积分无法在不同社区和单位进行互通，从而阻碍时间银行的发展运作。最好的

状态是建立起一个全国性的联合平台，制定共同的激励措施。

（2）上海虹口区慈爱公益基金时间银行

慈爱公益基金时间银行成立于2016年下半年，目的在于提升慈爱公益基金会的使用效率，带动更多低龄活力老人为高龄老人提供基本的养老照料服务，壮大养老服务的非正式、辅助性的社会力量。

①人员构成：现阶段，慈爱公益基金时间银行仅有一名管理人员，注册志愿者约200人，年龄要求为40—60岁，通过对接上海市黄浦区御园街道，为辖区内的高龄老人提供服务。对接服务需要经由服务方、被服务方本人或者指定代理人申请，在慈爱公益基金时间银行的信息系统上开设专门账户。

②资金来源：主要资金来自慈爱公益基金，在个人层面上获得的支持较少。

③通存取兑：方式为线上App和纸质存折共同记录，主要是考虑到部分高龄老人缺乏对线上信息系统的基本操作能力。记录的时间单位为寸，以一小时一寸作为转换标准，但时间单位具有类别性，按陪伴、看护、接送、助行、助餐、陪医、代办区分，并分开计入时间银行信息系统。储存时间兑换服务原则上要求兑换者年满70周岁，特殊情况需要经过慈爱公益基金会指定的机构进行审核方可兑换约定服务。在针对用户病逝、意外死亡或居住地改变而导致的兑换不能，机构承诺用户的配偶或直系亲属可以继承，时间银行信息系统将根据申请和审核结果，授权完成“储存时间由用户时间账户向继承人时间账户

的转结”。

④存在问题：由于时间银行的服务内容仅为专业性较低的生活照料服务且主要在基金会内部实施，导致该项目的社会认知度极低，加之缺乏宣传和广泛的社会支持，目前时间银行的发展相对受限。但相关负责人对时间银行的发展预期非常乐观，并表示自己会继续带动更多人包括自己的家人投入实践活动中去。同时，负责人也表明，为老服务的未来发展方向主要有两个分支，即由市场负责专业化的服务，由时间银行负责非专业化的服务。从这一角度出发，也可以保证时间银行不去过分抢占社会上其他养老机构的生存空间，并且明确时间银行的“志愿公益服务”性质。

（3）上海市闵行区康城社区时间银行

作为上海最大的居民住宅小区，康城小区有超过 12000 家住户，常住人口接近 4 万人。2016 年下半年，康城社区时间银行成立。截至 2019 年，康城社区时间银行已拥有 2000 多名中青年志愿者及 2000 多名老年志愿者，志愿者团队数量庞大，社区治理以自治和共治结合，形成了良好的可持续发展状态。

①运营模式：不同于普通的时间银行，康城社区时间银行基础设施完善，相应的服务功能齐全，可以做到社区内部资源流通，具备大部分时间银行试点所没有的“自我造血”能力，并且能够完成时间银行积分通兑存取的良性循环。康城社区时间银行以社区两委（党委和业委会）一中心（社区中心）为主导，倡导“党建引领、政府助推、群众参与”的基层社区治理

新体系（即以社区党建为纽带，凝聚整合社区可发动的各方力量，逐步形成以社区党委为核心，居委会组织为基础，各职能部门工作站、社区居民、物业服务企业共同参与，政府履职与居民自治充分融合的党建引领下的社区治理新格局）。

②服务内容：

“康乐”服务，即为社区老人群体提供基础居家养老服务（陪同买菜、就医、购物、助行、定期探望、驾驶服务和护送等）；

“康治”服务，即参与社区各类安全治理行动（社区安全巡逻、交通指挥等）；

“康美”服务，即参与社区公共卫生服务（保洁、环境美化、垃圾分类等）；

“康艺”服务，即招募拥有特殊技能的志愿者提供便民服务（理发、家电维修等）；

“康学”服务，即提供专业性课程教学与职业技术培训服务（课程培训、教学等）；

“康政”服务，即通过党员带头参与社区服务，进一步发挥社区党员群体的政治引领作用。

③通存取兑：主要通过小程序打卡签到。志愿者积分分为团队和个人积分，兑换比例为 1 小时兑 1 积分，团队积分则由团队成员数量乘以服务时长进行计算。其中，团队积分会储存于团队负责人的名下，仅限于兑换社区公共资源，如活动场所等。同时，负责人也表示，未来会考虑对一些特殊专业技能的

志愿服务进行难度系数的积分加成，以确保进一步的公平性。

（4）上海市静安区“共和新 e 家”时间银行

“共和新 e 家”成立于 2017 年 10 月，之所以为“新”，主要原因是经历过一次名称与规模的变更。“共和新 e 家”的前身为“美丽家园”，原先的运营范围为社区，后来由共和新路街道推广到 25 个居委会，运营范围扩大至街道。目前，各居委会由一名专员负责对接街道办负责人，商讨相关事宜，由于“共和新 e 家”的活动方式为线上线下结合，而志愿者的积分可以通过 App 线上商城来兑换奖励，故街道办负责人还需要与 App 公司后台进行对接。

①人员构成：截至 2019 年，“共和新 e 家”的正式志愿者人数约 500 名，年龄 30 至 60 岁不等，众多老年志愿者为“共和新 e 家”的核心成员，且随着针对孩子的课程项目的增多，许多年轻的家长也进入了团队。目前，只要是正式注册用户都可以获得积分及获取相应服务，但是要成为志愿者还需进行额外的资格审核，以便为有需要的老人更好地提供服务。“共和新 e 家”仅有一名专业管理人员，外加 4 名居委会成员负责 App 的任务发布与记录，其学历为大专或本科，工作时长为 5 个月到 3 年不等。

②资金来源：时间银行的启动、后续经费由街道支持，经费支出主要用于活动项目和慰问礼品购买，志愿者慰问费用标准上限是每半年 60 元 / 人。

③服务内容：“共和新 e 家”暂时没有自己专属的活动场

地，其课程和幼托服务在小区内的老年活动中心进行，定期举办的活动较为丰富，有拉花茶点制作的微型课堂、“囡囡爱悦读”亲子活动、悠和绿站垃圾回收、“汪星人家族”（为流浪猫提供绝育服务和用品等）、悠悠农场花友会等。

④存在问题和可持续发展：从就业人员的角度考虑，“共和新e家”的社区项目和党群服务中心的项目高度重合，工作人员的职能趋近于社工，加之可投入的时间精力较为有限，故能够举办的可兑换活动开展频率不高。调查采访显示，虽然居民对时间银行项目的发展抱持乐观态度，但是想要进行良好的可持续发展还需要从服务配套、经费、管理的层面上不断探索新模式，其中最重要的是真正了解“居民可以从时间银行得到什么”，如此才能让居民对“共和新e家”的服务感到满意，从而提高居民参与意愿。

（5）上海市杨浦区养老服务时间银行

与其他几家时间银行类似，杨浦区养老服务时间银行也是采取政府管理的形式，由杨浦区民政局牵头，于2019年9月成立，在已有的各种街道活动的基础上“镶嵌”时间银行的机制，以此进一步提供非专业性、非家政的志愿服务，作为对养老服务的有效补充和完善。

①人员构成：多为社会各界人士和组织团体，工作人员也都是兼职，仅进行相对简单的管理和记录操作。

②通存取兑：与康城社区时间银行一样，杨浦区养老服务时间银行由微信小程序作为线上系统，以进行实名注册认证、

平台任务发布和服务提供兑换以及时间存储。存兑上也是1小时的志愿服务对应1小时的时间币。但由于时间银行目前所用资金来自区财政预算，为了防止通存挤兑风险并超出政府财政的托底保障资金上限，杨浦区养老服务时间银行规定每个志愿者志愿服务的每日存储不得超过2小时，每年不得超过200小时。每存入1单位时间币，其中仅有0.3单位可以用于兑换实物。负责人认为，时间银行应该是一个公益项目，因此不能进行营利，那么当下最必要的行动便是盘活资源并进行高度的资源整合与利用。

③资金来源：主要运营资金来自政府购买服务和资源，以及与政府合作的企业资源和财政补贴投入。

④存在问题：杨浦区养老服务时间银行现有的创新点相比于上海其他时间银行试点较少，整体机制尚没有理顺（主要原因是志愿者群体归属于众多部门，缺少统一管理部门），志愿者数量也仅为200余人。

7. 杭州时间银行

杭州时间银行主要有杭州市绿康时间银行、小河街道“阳光老人家”、滨滨有你时间银行。

（1）杭州市绿康时间银行

绿康时间银行由程焕发起成立，位于杭州市滨江区天马路阳光家园养老院。“今日爱行动，明日善收获”是对“助人者自助”公益行为的阐述和表达，也是绿康时间银行助老公益服务中心的核心理念。作为绿康医养集团创建的公益服务平台，绿康时间银行秉承“敬重、整合、兑换、互助、共享”的核心价值观，致力于解决社会需求和社会问题，营造和谐互助、全民向善的社会新风尚。

2018 年 5 月 29 日，在杭州市江干区民政局和绿康医养集团共同主办的江干区首届“5·29 养老护理员节”暨“绿康时间银行”公益平台启动仪式上，绿康时间银行得到了在场嘉宾的一致赞赏。同时，也与浙江工商大学、浙江理工大学的团组织和公羊会、爱行动等公益组织和平台签订了战略合作协议，希望能在彼此的协作下共同促进公益事业的发展。

①注册志愿者：48345 人，主要为当地高校的学生和社区居民；累计服务时长为 267795 小时。

②运营方式：绿康时间银行的运营资金主要来源于社会公益机构的加盟费（全国 1 元 / 天）以及部分慈善机构的筹备善款（5%—10%）；经费支出主要用于管理人员的费用、软件开发维护费用和日常宣发费用。与绿康时间银行合作的机构约 76 家，其中的管理人员数量在 80—90 人，皆为兼职，通常情况下，与合作机构签署合同后会派遣专职工作人员入驻协助管理。绿康时间银行自身的专职工作人员较为年轻，多以 25—30 岁为主，教育程度在大专以上，具体人数不详。

③系统支持：2018 年 5 月，绿康时间银行自主研发的绿康时间银行移动用户端 App 1.0 版本获得国家版权局颁发的 App 开发专利，目前，App 2.0 版本已经问世，使用范围遍布浙江、

江西、安徽、山西、新疆、北京等地。App 的一大特点在于，被服务方发布申请时无需提前注册，只需向机构申请即可。据悉，绿康时间银行计划未来打造类似“滴滴”的服务模式以方便老人随时随地“发消息”，志愿者及时“接单上门”。

④服务类型：

专业类：包括医养康复、健康管理等；

非专业类：包括清洁整理、购物陪同、问诊陪护、联欢、文字写读、物品代购、衣服缝补等；

特色类：美容美发、乐器、书法、智能化指导、运动指导、花艺茶艺、手工、棋牌、兴趣小组等。

⑤通存取兑：绿康医养集团为绿康时间银行开发了 App 系统，志愿者需要在平台进行实名登记认证，并在线提供相关技能资格证书。审核通过后，可参与各类机构发布的志愿活动，志愿者到场的签到签退在满足距离范围的条件下，可以进行智能打卡而不需要经过管理人员的操作。另外，App 还有人脸识别技术，与芝麻信用合力打造实名认证闭环。

具体兑换标准如下：服务 1 小时 =1 公益时，1 公益时≈ 18 积分，1 积分≈ 1 元。兑换规则中明确指出，如果老人无法提供服务，经过机构审核后会按需代发。如果老人居住在绿康阳光家园养老院，所需服务时长由绿康时间银行代付。另外，如果进行时间储蓄的馈赠，可以通过手机账号操作传输。如果是多人参与服务的情况，由机构审核后按照服务时长进行分配。由于有芝麻信用体系，系统分配的公平公正基本能够得到保证。

⑥存在困难及未来发展：

一是缺乏保障志愿者和被服务方的法律法规。我国目前的时间银行社会实践经验不足以及整体的社会保障制度不完善，如果无法有效保障志愿者和被服务方的权益，互惠互利的美好愿景将永远停留在纸面上，成为空中楼阁。

二是公众对“时间银行”认知不清。因为不理解“时间银行”的概念和初衷，社会上出现不少反对的声音，认为这种“等价交换”根本不能算作公益，甚至质疑相关人员的初心和动机。

由于不同于传统的政府辅助、支持模式，该时间银行项目在运作之中仍有很多的问题。其中一位管理人员表示，他对时间银行的发展持积极乐观的态度，目前整个社会对时间银行的探索仍处在初步发展的阶段，需要耐心耕耘，静待花开。对于绿康时间银行的未来发展，管理人员有如下几条建议：

政府层面上，希望能够加大对时间银行概念的推广传播，同时进一步弘扬“向善”文化，提升人口素质，以消除对时间银行的偏见与误解。

企业层面上，希望与爱心企业维持长期稳定的合作，使得时间银行能在公益服务的“蓄水池”中不断获取成长的养分，同时也能不断回馈社会，形成一个互惠互利的良性循环圈。

运营层面上，未来希望能够针对不同用户群体实施“引流政策”，例如为高校生提供官方认可的志愿服务证明以帮助学生提高“德育素质评分”。

（2）杭州市小河街道“阳光老人家”

“阳光老人家”由叶胜翔发起成立，位于杭州市拱墅区和新南苑。

“阳光老人家”服务体系是拱墅区对率先构建2.0版社区居家养老服务体系的探索，为拱墅区2018年开展的民生实事工程试点之一。该项目旨在建立“服务站点全覆盖，服务对象全方位，服务内容全过程，服务手段全智能”，以居家养老为基础，社区养老为依托，机构养老为补充，智慧养老为媒介，医养相结合的大社会养老服务体系。

据2018年10月的新闻媒体报道，拱墅“阳光老人家”的装饰风格为橙色调，墙壁上还有各色温馨且不失活力的水墨画，老年人饭后，可以约上三五好友，前往微电影院观看怀旧电影，到网红茶馆品茶，在老年大学纵情歌舞，通过虚拟中医馆与专家进行网络问诊。报道指出，“阳光老人家”的开放时间为周一至周六上午9点到下午5点，内含的大部分项目都是免费的，老年大学的课程则收取较低的学费（150—200元每学期），用餐费用为6元一顿，一荤两素。

2019年7月，《钱江晚报》报道了浙江理工大学的暑期社会实践团队走访大塘巷“阳光老人家”的情况。据工作人员介绍，老人可通过拱墅区“阳光大管家”信息平台下单，能即时获得响应，全过程可以实现智能化监管。平台将老年人身份信息、家庭情况、健康状况、经济状况、个人兴趣爱好情况都做了整合，建成档案录入数据库。“阳光老人家”服务中心最大的亮点是深化智慧医养结合新模式。中心有免费或低偿的基础医疗服务，还有定期的义诊，每天都有 2 到 3 名专职医护人员坐班；针对行动不便的老人，还有上门服务。拱墅区推进的“1234+X 阳光老人家”养老服务体系（1.“阳光大管家”综合信息平台；2. 阳光食堂、客厅两厅堂；3. 阳光休养、乐养、健养三中心；4. 阳光好管家、好小二、好帮手、好大夫四队伍；X，即全托、介护器具租赁等特色服务）也成为一种独特的可复制推广的新型养老模式。

①注册志愿者：不详，“阳光老人家”的志愿者无地域限制，多为当地社区的老年人，根据资料仅得知平均每天 40 至 50 人签到。具体累计服务时长不详。

②运营方式：作为小河街道的一家综合功能性养老中心，其在筹办和创立的过程中得到了政府的大力支持，目前“阳光老人家”的运营经费主要来源于政府资助，另有少部分物资和现金补贴来自社会各界爱心人士的捐助。费用支出主要为课程授课老师费用、相关活动所需材料费用、管理人员薪资、水电费等。自 2018 年项目落地实施以来，共有 5 名管理人员任职于该时间银行项目，均隶属于大川服务发展中心，性质为全职员工。工作人员年龄从 30 到 50 岁不等，文化水平在大专到本科，报酬按岗位划分，前台服务人员月薪在 3000 元左右，运营人员月薪在 3000—4500 元之间，主管、副主管月薪在 5000 元以上。

项目的活动场地是和新南苑的一栋两层结构的“阳光老人家”场馆。该场馆集餐厅、娱乐、医疗于一体，占地面积约

2100 平方米，一楼分布有服务总台、会客厅、八点档、餐厅和儿童乐园等场所，二楼包括活动室、多功能厅、书画教室、化妆间、社会组织办公室等。场馆内另有健养和休养中心，日常运营由第三方机构大川服务发展中心负责，政府和社区共同监管。

③服务类型：文体娱乐类，如葫芦丝、民族舞、书法、太极、水墨画等；培训教育类，如老年电大、拼音、亚运英语、电子手机等；便民生活类，如电视问诊、亲子早教、社区活动等。

④通存取兑：“阳光老人家”使用杭州市民政局推广的“阳光好帮手”微信小程序，平台设有志愿者注册和长者注册两个部分，用以区分志愿者和被服务方的信息。活动开展方式为线上发布信息，一些提供的课程会邀请注册用户加入微信群，以发布更详细的活动通知。在兑换标准上存在“地域划分”，即部分物品、抵用券的兑换仅限于特定社区，而非全项目通用。目前的记录属于“单人单户”，账户通过活动签到获取积分，由于提供的可兑换服务与实物较多，暂时不存在很高的“挤兑风险”。

⑤存在困难：老人数量众多，无法及时进行宣传科普，部分老年人对私人信息极度保护，拒绝使用智能设备；需要更多有专业技能的志愿者。

⑥稳定性与可持续发展：“阳光老人家”充分响应政府号召，旨在搭建社会力量与老年人之间的桥梁，应对日趋严重的社会老龄化问题。成立以来，机构运营顺利，未发生较大风险性事件，在监管方面，根据需求合理安排不同志愿者进行不同

类型的服务。负责人反映，当前的人力财力物力相对充足，即便出现琐事纠纷，机构也会多与居民沟通调解，虽然还存在服务不够完善的问题，但是总体上状况良好。未来如想要进一步发展壮大，关键在于提高平台志愿者与被服务方交流的积极性。

（3）杭州市滨滨有你时间银行

滨滨有你时间银行是滨江区民政局和团区委共同主办的公益志愿服务平台，由来周芳发起成立，位于杭州市滨江区平达弄，是滨江区聚焦失能失智、特殊困难等老年群体的重要举措。

①注册志愿者：70—80 人，其中老年志愿者占大多数。目前，机构试图利用“特色引导机器”等技术手段，吸引其他社区的居民、学生、上班族成为志愿者，引进更多拥有专业技能的人才。累计服务时长不详，服务对象为社区居民，通常为 60 岁以上的男性和 55 岁以上的女性。

②运营方式：滨滨有你时间银行由政府主导，其日常运营经费来自爱来家居家养老服务有限公司，经费支出主要用在管理人员薪酬和志愿者交通补贴上。目前，滨滨有你时间银行共有 2 名专职人员，其中一名为主任，在 35 周岁以下，另一名为管理员，20 多岁。受教育程度均为本科，薪资按照杭州市平均薪酬浮动。

③服务类型：每周一至周五，为老人开展爱心理发、爱心磨剪刀、爱心缝补、爱心义诊、心理咨询、法律援助等常态化服务；每月 5 日、15 日、25 日，开展主题活动。

④通存取兑：目前采用 App 线上记录的方式进行志愿服务

的报名与时间存取。App由绿康医养集团自主研发，区民政局推广，其中的通存取兑标准皆由民政局制定，机构仅作为第三方运营负责线下的实际操作。因试运营时间较短，App本身存在一些瑕疵，机构的负责人希望未来能够简化并完善兑换规则。

⑤存在困难：滨滨有你时间银行目前急需一个能够统筹资源的平台，打破多方壁垒，以便建立统一的数据库。在App方面，关于通存取兑的特殊条款和相应规章制度也有待建立和完善。

⑥稳定性与可持续发展：滨江区城市化建设较早，居民的“公民”意识较强，当地政府也对民办非企业进行了大力的扶持。负责人表示，为了将时间银行项目发展壮大，政府需要将诸多社会资源进行一个良好的统筹。

8. 北京时间银行

北京时间银行主要有一刻公益、帮帮银行、北京幸福时间银行。

（1）一刻公益

2014年12月，一刻公益社区发展服务中心在北京市民政局注册成立，宗旨是“探索建立社区服务公益活动常态化机制与志愿者反哺机制，吸引、激励社会服务类企业与社区居民公益服务持续对接，促进社会治理模式的创新与社会治理方式的改进”。一刻公益拥有较成熟的运行模式，它一方面大力推动社区自治，动员更多居民参与社区事务和公益服务活动；另一方面，引导社会和企业参与社区服务，与北京市“一刻钟社区服务圈”公益服务项目相结合，以此提高服务水准。其基本运作流程为：通过平台发布任务—招募志愿者—登录平台记录服务时长—通过加盟商换取商品和服务（一刻公益会积极邀请周边商户，并与意向合作伙伴签约，从签约商户处以优惠价格获得商品和服务，作为志愿者可兑换的积分产品）。截至 2019 年，一刻公益注册志愿者已达 19742 人，合计存储服务时长 132.38 万小时，在这庞大的志愿者队伍中，主力军为 50 岁以上的活力老人，其中单人最长服务时长为 2500 小时。在管理团队方面，一刻公益共有 10 名专职员工，年龄普遍在 30 到 40 岁之间，教育程度皆为大专，根据工作内容的不同，收入为 5000—10000 元不等。自时间银行项目成立起，一刻公益发展服务中心就出资 300 万元成立了北京一刻公益基金会。基金会是时间银行项目的早期经费来源，到了后期阶段，由于日常运营收入逐步增加，基金会资助的资金占比逐步下降。目前，机构的主要营收来自政府购买服务，占总收入的 80%，其他 20% 则为社会单位支持。

一刻公益的活动形式以线上线下结合为主，活动内容丰富多样，包括社区服务、爱心服务、绿色环保、文化教育、医疗卫生、赛会服务、应急救援和城市运行。基本推送形式有微信公众号、志愿者服务卡、专用结算系统、商户联盟和社区公益活动五种。此外，一刻公益还有严格的监督机制，志愿者在承接相应服务后，需要被公示其志愿时长两周，在这期间，任何人都可以对其不当行为进行检举。志愿者的服务时长最终将通过“志愿北京”进行线上记录，当服务时长分别超过100、300、600、1000、1500小时时，会被评定为一至五星级志愿者。理论上越高星级的志愿者就越能享受加盟商商品的越低折扣和越多优惠。当志愿者需要兑换服务或商品时，可以使用一刻公益与中信银行合作发行的联名银行卡，该卡通过连接志愿者服务网站获取数据，志愿者的服务时长折合人民币，用于志愿者消费与兑换加盟商家的商品。值得注意的是，该联名银行卡也有正常储蓄功能，但志愿服务时长所折合的金额是不能够进行现金提取的。

一刻公益的负责人表示，目前时间银行的项目处于发展关键期，对政府的依赖性还比较大，也深受国家政策的影响。未来如果能够实现政府和社会单位50%对50%的收入支持，用“两条腿走路”，就更有利于时间银行项目的可持续性发展。与商家联合互利，实现商家与志愿者、社区居民三方的良性互动，不仅能惠之于民、提升商家品牌效益，也可进一步改善一刻公益的运营收入情况，这将是未来进一步探索的部分。

（2）帮帮银行

2016年北京门头沟区成立了帮帮银行，该机构由居委会负责运营管理，故活动场地和工作人员都是居委会所属。居委会办公大楼内设办公地点，还可使用活动大厅和“巧娘工作室”。目前帮帮银行的志愿者共有640余人，多为愿意回馈社会的刚退休的活力老人，年龄在50到70岁之间，其服务对象为全社区的5000名成员。其中，专门针对80岁以上的独居老人开展的“结对子”帮扶服务，取得了不错的效果。居委会工作人员以兼职身份为帮帮银行提供管理服务，多为专科学历，其中最长的工作年限为20年，最短的为3个月。帮帮银行的运营经费从政府提供的党群服务经费中支取，并且还有“巧娘工作室”的盈利收入和共建单位的活动支持作为辅助资金，因此在财政上比较稳定。通常在活动开展前，居委会会委派工作人员和“汇众协商”社区自治组织代表收集居民需求意向调查表，根据需求开展相应的志愿服务活动。除了常见的环境保护（环保宣传、绿色出行、节能减排、资源回收再利用等）和社会治安类（文明劝导、治安巡逻、交通维护等）志愿服务，还专门划分了五类专业服务，分别为帮困助弱类（助学助老、助残助童、法律援助、心理辅导等）、专业技能类（公益演出、义工技能培训、语言服务）、医疗保健类（义诊保健、病人陪护、健康讲座）、便民利民类（家电维修、上门理发、管道疏通）、文体科教类（科普宣传、普法教育、赛事展览）。帮帮银行在时间币通存取兑上考虑到了潜在的“劣币驱逐良币”现象，为了确保计量的公平性，专业复杂的志愿服务活动能够获得更多的积分，标准换算公式大致为：普通志愿活动1小时积1分；专业志愿活动1小时积2分；此外，慈善捐款5元积1分，捐赠物品一次积2分。2积分与1元等价。根据年度积分，帮帮银行将分别针对累计服务达200、400、600、800、1000积分的志愿者授予一至五星级志愿者称号，获得称号的志愿者将会获得星级证书，并有机会获选年度“优秀爱心志愿者”。志愿者可根据积分兑换的服务包括理发、健康监控、家庭保洁、小型维修、物业费等，有趣的是，帮帮银行的积分兑换允许志愿者“透支使用”，例如志愿者A现有积分为2000分，他在当月兑换了2700积分折算人民币1350元的二居室高层物业费，那么，他将欠下700积分。该志愿者欠下的积分可以通过日后的志愿服务进行偿还。积分还可以在家庭成员之间结转，例如其他家庭成员的积分可以转移给家中老年人，以便老人进行需求服务的兑换。

帮帮银行的管理人员曹主任表示，目前项目有相对稳定的经费来源，发展前景乐观。经过几年的积累，社区群众对帮帮银行的认可度不断提高，且志愿者的素质和工作人员的经验也有了稳步的提升。因为不同社区对志愿者的要求不尽相同，实际上想要实现“跨区通存取兑”在当前阶段还不够现实，所以没有必要急于实现这种兑换功能。人们应该更多关注时间银行“付出—积累—回报”的运作理念，从而获得精神上和物质上的双重奖励；而积极参与社会活动也能有效利用活力老人这一“闲散人群”，提高社会资源的使用效率，改善老年人的心理健康和身体状态。

（3）北京幸福时间银行

2018年7月，门头沟区城子街道社会组织服务孵化园（又名北京幸福时间银行）由城子街道工委主办成立，该社会组织通过先进的“孵化”理念，结合国外时间银行的理念和模式，重点扶持管辖范围内的23个社区的社会组织服务标准化发展，其注册志愿者总人数接近500人，注册者都曾有一定的义工经历且多为 50 岁以上的退休老人，青年志愿者稀少。由于这些志愿者都注册过“志愿北京”，其所属的志愿者团队不尽相同，所以除去门头沟区，还有一部分来自石景山区。这客观上给志愿者团队的管理造成了一定的困难。迄今为止，总计已储存服务时长约 20 万小时。北京幸福时间银行共 3 名专职员工，皆为 30 岁以下的“小年轻”，教育水平较高，最低为本科，最高为博士，月薪 4000—6000 元不等。幸福时间银行的创立资金共 10 万元，由孵化园老板提供，早期的主要经费支出用于网站设计、运营和维护（网址：http://xfsjyh.org.cn/），网站功能相对齐全，分类详细，可以直观获取资料信息和活动新闻，同时兼具志愿活动信息发布功能和在线商城兑换功能。虽然没有项目的专属资金，但政府购买了北京幸福时间银行的环境保护类公益活动，所得资金部分用于反哺激励志愿者，以便他们能更好地参与社区活动和服务；剩余部分则用于活动物资购置。

北京幸福时间银行开展的活动种类丰富，包括公共服务、关爱服务、家政服务、家电维修、培训教育、医疗保健、医疗咨询、文化艺术、运动休闲、上门服务、专业技术和定制服务。服务的难易程度不同，志愿者可以获得的积分也有所不同。其中环境保护类和文化艺术类志愿活动因为性质原因，没有关于被服务方的详细信息。北京幸福时间银行的王牌活动为“保护母亲河　龙泉在行动”文明劝导，开展范围主要为永定河主干道龙泉雾流域及京浪岛沿线，该活动会组织大量志愿者对沿线各类不文明行为（裸泳、乱扔垃圾、破坏景观、涂抹观景台、露天烧烤和冬季滑冰垂钓等）进行劝阻制止，取得了不错的反响。日后还会根据志愿者的专长逐渐开展不同类型的活动，并进行相应的志愿者培训。作为志愿者服务监督机制的一环，志愿者的服务内容将会被打分，并以服务品质为杠杆调节最终的记录时长，而得过且过、玩忽职守的行为也会极大影响志愿者的信用积分，如果信用过低，违规的志愿者将无法再参加此类活动。

目前北京幸福时间银行面临的问题如下：①资金短缺，因为没有为时间银行项目设立的专项资金，网站的运营维护和App的开发计划都会受到一定程度的影响；②本土化问题，项目负责人表示，国外时间银行的“时间支取”方式在中国现阶段难以展开，可能即时的通存取兑更有利于树立人们对时间银行的信心，但这却完全与时间银行的理念背道而驰；③记录方式原始，北京幸福时间银行的记录方式目前主要是人工记录，存在滞后性以及一定的管理风险；④社会支持有限，由于成立时间较短，目前暂时不能获得良好的社会资源支持，也没有足够的吸引力号召第三方商户进行合作。总体来说，目前项目的运作还有许多亟待解决的事宜，下一步会如何发展只能拭目以待。

北京三家时间银行的成立时间都相对有限，从目前的运营情况来看，北京幸福时间银行面临比较严峻的问题，而一刻公益已经发展出了一套自己的运营机制并具备稳定的自我造血能力。三家时间银行的主要困难都在财务上，政府的后续支持情况会影响项目的运转。在运营方面，一刻公益的“社区服务圈”模式和联名银行卡值得借鉴，北京幸福时间银行的志愿活动则开展得如火如荼，帮帮银行的“结对子”服务得到了老年群体的大量好评。北京时间银行的项目将会如何发展，让我们拭目以待。

二、我国时间银行的优势与不足

1. 我国时间银行互助养老的优势

时间银行互助养老多是以社区中低龄活力老人照顾高龄老人为主，时间银行时间回报机制的独特优势，不仅可以使老年人的闲暇时间得以有效利用，同时也有助于整合社区的各种人力物力资源。在节约部分老年服务人力成本、满足老年人不同层次需要方面，时间银行互助养老显现出明显优势，而且有助于增加社区的社会资本，实现社区的和谐发展和人际的良性互动。综合国内外时间银行的现状和实践研究，我国时间银行具有以下六大优势：

（1）有效缓解养老压力

随着老年人口的增加，单纯依靠传统的志愿者和社工已经无法满足社会养老的需求，时间银行以互助的形式，充分调动社会服务者资源，这能有效地缓解养老服务供不应求的现状。此外，传统的养老服务缺乏有效的激励机制，以无偿或者自愿为原则，时间久了会让服务者失去激情与动力，而时间银行建立时间币交换平台，体现了对服务者劳动价值的认可，也让服务者能够以现在的付出换取未来的回报，极大地提高了服务者的热情，解决了养老服务不可持续的问题。

（2）有针对性地满足了老年人养老需求

随着社会的不断发展，老年人养老需求逐渐多样化，除了经济保障之外，精神慰藉和日常生活护理都变成较为重要的需求。传统的养老模式，在精神慰藉和日常生活照料方面需要社工花费较多的时间，而社工人数又不能满足日益增长的老年人口需求，时间银行的服务模式则是利用了老年人潜在的人力资源，鼓励低龄健康老年人为高龄或者其他需要特殊照料的老人服务，这不但充实了退休老人的生活，而且年龄相近的老年人更加容易产生共鸣、建立起互助的友好关系。同时，时间银行也能根据老人的需求去有针对性地提供服务，从而提高了服务的质量。

（3）为老年人储备了未来养老资本

时间银行提供的是一个老年人可以为自己积累将来可被服务时间的交换平台。如今，较多达到退休年龄的老人，身体依然十分健康，发挥他们的剩余劳动力是缓解养老压力的有效途径。在我国，不少老年人的经济状况并不好，加上代际养老压力的增加，不少老年人可能会由于经济原因而得不到很好的照料。时间银行正好给他们一个用自己闲置的劳动力去换取未来养老资本的途径，同时，为他人服务的过程，也可以极大地缓解老年人退出社会后的失落感。

（4）改变了传统养老理念

受传统观念的影响，老年人总是被认为是需要被服务的对象，是需要保护的弱势群体。但是，老年人其实有实现自己人生价值和追求自己梦想的权利，他们需要的并非仅仅是生理上的照顾，也需要心理慰藉和满足。时间银行互助养老为老年人传播的正是一种积极的人生态度，鼓励老年人做自己想做的和可以做的事情，让他们也能为社会贡献自己的力量，而不是单纯地向社会索取。

（5）提供了新型的养老互助平台

时间银行利用了“互联网 +”的优势，采取线上线下结合的模式，能够有效快捷地整合老年人服务需求并发布。此外，时间银行还建立了完善的服务评价和时间币支付系统，采取了与商业银行类似的账户形式，在保护服务者权益的同时，也能有效地提高服务的质量。这种新型养老模式，不但弥补了传统养老模式人力成本高的缺点，而且很大程度地考虑到了被服务者的需求和接受服务的便利性。

（6）有利于和谐社区的建设

以志愿服务为内涵的时间银行互助养老是维护社会和谐稳定的一种创新尝试，不仅能够丰富老年人的生活内容，促进老年人身心健康，也是一种丰富社会养老资源的有效形式，完善了目前我国的社区居家养老服务体系，增加了老年志愿服务活动的稳定性和持久性。时间银行互助养老对于缓解我国人口老龄化压力以及完善社会保障体系具有重大的意义。

2. 我国时间银行互助养老的不足

（1）政策引导缺失

政策引导缺失在很大程度上制约了我国时间银行互助养老的运行，导致其发展前景并不乐观。时间银行服务的有偿性决定了必须由国家为其发展提供相关政策和法律法规保障。从实际情况看，大部分时间银行互助养老机构仍仅靠民间组织在推动，其力量是远远不够的。在强调依法治国的现代社会，国家权力机关制定相关法律法规，为时间银行提供法律保障，自上而下全面地推进时间银行互助养老机制建设，才能使时间银行互助养老健康发展成为可能，否则这样的理念将很难持续推进。1998 年上海虹口区晋阳居委会推行的“时间储存式为老服务”，作为我国首例时间银行互助养老实践，虽然刚开始风风火火，但随着时间的推移，社区居民搬迁，工作人员更迭，法律法规保障又迟迟未能出台，最终也未能运行下去。

（2）传统养老和志愿服务观念影响参与意愿

目前在我国时间银行的推行过程中，部分服务对象和服务志愿者受传统养老和志愿服务观念的影响，不能正确认识和接纳时间银行所提倡的邻里互助、服务交换内涵，打击个人参与意愿。传统观念对参与群体的影响主要体现在以下两方面：

首先，传统家庭养老观念降低服务对象的参与积极性。部分老人仍坚持家庭养老的理念，认为养老理应由子女负责，未形成养老服务可以多元供给的思维，不愿意参与到社区养老中。同时，时间银行在国内的推广力度和范围有限，多数老人对该模式的认识不全面，对互助模式和志愿服务者不信任，造成时间银行的服务对象排斥参与其中，极大程度地限制了模式的推广和居民参与度。

其次，传统志愿服务理念降低志愿者对养老服务的存储、兑换以及监督意愿。受传统的不求回报的志愿服务观念影响，大多数时间银行志愿者参与提供志愿养老服务，都认为就是助人为乐、不图回报的一种志愿活动，没有意识到要将自己付出的志愿服务时间储存起来，以便日后获取服务回报，更不会对服务价值的记存兑换管理进行有效监督，不利于志愿者发挥监督作用，倒逼时间银行管理方做好服务存储和时间货币管理等后期工作，长此以往不利于时间银行的长远运行。

在时间银行互助养老模式里，服务时间才是唯一被认可的货币。志愿者需要把通过帮助他人积累的时间储存起来，等自己需要的时候再从中取出来，有存有取才能保证时间银行互助养老的可持续发展。时间银行互助养老在国外是一种有偿服务，但是在国内却似乎演变成了无偿服务，这已经破坏了时间银行的运行规则。

（3）志愿者服务质量不高

目前我国时间银行的志愿者以同社区低龄健康老人为主，符合时间银行倡导的老人群体内部互助的理念，但低龄健康老人群体服务能力有限，大多数志愿者缺乏专业护理技能，只能为高龄老人提供较为简单的志愿服务，比如做饭、聊天、读报、清洁、陪护等等，深层次的志愿服务较难实现。因此，在面对一些有特殊需求的高龄老人（如残疾、瘫痪、智力低下等）时，能提供的专业服务稍显空白，即使有一些志愿者愿意尝试，其服务质量往往也难以达到理想要求。服务供给能力不足主要受以下因素的影响：

首先，志愿者招募单一化。依托于社区而发展起来的时间银行，一般通过社区网络吸纳志愿者，无法吸纳不同年龄层的社会资本和服务力量参与其中，同社区的低龄健康老人成为志愿者的主要群体，趋于单一性。

其次，青年志愿者群体的流动性使得服务不容易实现持续供给。城市社区时间银行青年志愿者，多是在校大学生，该群体具备异于社区低龄老人的服务能力，可以提供专业化的健康照护、心理咨询等。但这一群体大多属于流动人口，服务供给不稳定，难以同社区实现对接，做不到服务的持续供给，导致社区时间银行的高质量服务供给链断裂，供应量不足。

最后，志愿者培训力度低。目前我国对时间银行志愿者的培训并未形成强制性规定，大部分时间银行开展的服务内容只能依据志愿者自身所具备的能力而定，服务项目受限。此外，尽管有些时间银行会主动对志愿者进行培训，但培训频率不固定，志愿者难以接受到规范化、体系化的培训课程，不利于提升志愿者的服务专业性。对时间银行志愿者的培训不足，直接导致志愿者服务供给能力不足。

（4）缺乏全国性统筹管理制度

目前我国时间银行的管理统筹层次较低，尚未形成全国性管理制度，管理制度仅作用于地方层级。缺乏全国性的统筹管理制度对时间银行的发展主要存在以下方面的制约：

首先，国内时间银行的实践难以形成可借鉴的成熟模式，管理能力提升受限。尽管时间银行进入我国试点已经有 20 多年，但试点成效依然不乐观，不少社区的试点以失败告终，还在运营的时间银行各行一套管理模式，不一定适用于其他社区，导致我国时间银行的试点始终未形成可以借鉴的成熟运作模式，各时间银行的运营主体始终处在探索阶段，运营能力不足。

其次，时间银行难以形成全国统一的服务兑换机制。我国各地区运行的时间银行互助养老机构绝大部分都是以社区为单位，志愿服务者在互助机构内提供服务后，将服务的时间以时间货币的形式储存在他所在的社区机构内。日后若有提取时间货币的需要时，志愿者相应地也只能在最初存储时间货币的社区机构中提取，也就是说，大部分地区之间的区域通兑系统尚未完全建立。这就导致了志愿者在离开了原本储蓄时间货币的社区后，在新加入的社区无法提取其原先的时间货币，那么志愿者之前存储的服务时间相当于作废。

最后，无法建立全国信息管理平台，时间货币无法实现全国流通。时间银行必须由权威性的组织机构做后盾、让法律制度为其发展保驾护航，从顶层上设计出全国统筹的运行机制，才能保障时间货币在全国有统一的兑换机制、管理条例，实现自由流通。目前我国时间银行对时间货币的管理尚未形成完全信息化的管理模式，技术支持方面严重不足，配套设施不健全。各时间银行对志愿者的时间储存和支取大多仅靠纸质版的“时间银行存折”，信息管理效率低，时间货币的跨行交换管理则几乎不可能，导致时间银行在技术上无法实现全国通存通兑。

（5）资金来源不稳定

通过对时间银行运行资本的分析发现，资金来源不稳定也是国内时间银行互助养老过程中存在的一个问题。时间银行互助养老机构的长效运营，不仅需要政府提供政策支持，还要有相对稳定的资金支持，而公众捐赠不具备可持续性，加之政府的资金支持力度不足，大多数时间银行资金来源不稳定，这导致时间银行基础设施维护、人员工资发放、机构持续运行等得不到保障，甚至对某些特殊老人物质帮助的要求也无法满足。这是制约我国时间银行的一大问题。

（6）时间存储、兑换没有统一标准

纵观我国时间银行互助养老服务的发展轨迹，大部分地区的时间银行在运行过程中都只能做到简单记录志愿者的服务内容和服务时长，后期发展为根据服务时长量化为时间单位进行记录，对于服务的质量和劳动强度并没有较为客观全面的评估和记录。在时间银行互助养老的通存通兑问题上，衡量和交换服务是时间银行发展中一个相对新的点，也是实践过程中问题最多的一环。目前，我国“时间银行”的服务兑换货币的价值是由每个时间银行自己规定的，如“广州南沙银行”规定1小时服务兑换 12 个时间币，长沙“雨花时间银行”则规定 1 小时服务兑换 6 个时间币。在服务价值可随意裁定的背景下，时间银行为了方便管理，将志愿者提供的服务一刀切，统一以服务时长为货币，忽略了服务内容的差异性，容易引发时间银行的服务供给劣币驱逐良币，即在相同的服务时长下，志愿者偏好提供简单的服务，最终导致整体服务质量下降。如果时间银行互助养老想要在更大范围内获得接受，首先要做到的就是建立起公平公开的计量标准以及科学有效的计量机制。由于存在服务内容自身的复杂性、多样性以及服务项目的层次性等因素，服务价值评估就应多方面综合考虑。

SHENZHEN
SHIJIAN YINHANG
YU
ZHONGGUO TESE SHEHUIZHUYI
XIANXING SHIFANQU JIANSHE
DE
NEIZAI GUANLIAN

第三章

深圳时间银行与中国特色社会主义先行示范区建设的内在关联

一、习近平新时代中国特色社会主义思想为民族复兴提供强大动力

中国改革开放40多年，也出现了新的矛盾与问题。党的十八大以来，国内外形势变化和我国各项事业发展都给我们提出了一个重大时代课题，这就是必须从理论和实践结合上系统回答新时代坚持和发展什么样的中国特色社会主义、怎样坚持和发展中国特色社会主义，包括新时代坚持和发展中国特色社会主义的总目标、总任务、总体布局、战略布局和发展方向、发展方式、发展动力、战略步骤、外部条件、政治保证等基本问题。中国共产党始终沿着求中华之"中"的道路不断前进，终于在党的十九大提出了习近平新时代中国特色社会主义思想，这是马克思主义中国化的重要理论成果。

习近平新时代中国特色社会主义思想，明确坚持和发展中国特色社会主义，总任务是实现社会主义现代化和中华民族伟大复兴，在全面建成小康社会的基础上，分两步走，在本世纪中叶建成富强民主文明和谐美丽的社会主义现代化强国；明确

新时代我国社会主要矛盾是人民日益增长的美好生活需要和不平衡不充分的发展之间的矛盾，必须坚持以人民为中心的发展思想，不断促进人的全面发展、全体人民共同富裕；明确中国特色社会主义事业总体布局是“五位一体”、战略布局是“四个全面”，强调坚定道路自信、理论自信、制度自信、文化自信；明确全面深化改革总目标是完善和发展中国特色社会主义制度、推进国家治理体系和治理能力现代化；明确全面推进依法治国总目标是建设中国特色社会主义法治体系、建设社会主义法治国家；明确党在新时代的强军目标是建设一支听党指挥、能打胜仗、作风优良的人民军队，把人民军队建设成为世界一流军队；明确中国特色大国外交要推动构建新型国际关系，推动构建人类命运共同体；明确中国特色社会主义最本质的特征是中国共产党领导，中国特色社会主义制度的最大优势是中国共产党领导，党是最高政治领导力量，提出新时代党的建设总要求，突出政治建设在党的建设中的重要地位。

习近平新时代中国特色社会主义思想核心：从认识论上看，为人民谋幸福，为民族谋复兴，为世界谋大同（三为思想）；从本体论上看，全面建成小康社会，实现社会主义现代化，构建人类命运共同体（三次跨越）；从方法论上看，全面深化改革，全面从严治党，全面依法治国（三大措施）。因此，习近平新时代中国特色社会主义思想是对马克思列宁主义、毛泽东思想、邓小平理论、“三个代表”重要思想、科学发展观的继承和发展，是党和人民实践经验和集体智慧的结晶，是中国特色社会主义理论体系的重要组成部分，是全党全国人民为实现中华民族伟大复兴而奋斗的行动指南。

二、中国特色社会主义先行示范区建设与习近平新时代中国特色社会主义思想

作为中国改革开放的先锋城市，40多年来，深圳以海纳百川的胸襟凝聚了一批批“深圳人”，一代又一代深圳人在这座年轻而富有创新活力的城市拼搏奋斗，从经济特区“拓荒牛”到“大湾区人”再到“先行示范区人”，深圳高速发展过程中形成了以志愿精神、关爱精神、创新精神、诚信精神和对城市文化的不懈追求为基本内涵的独特城市精神。

2019年，中共中央、国务院《关于支持深圳建设中国特色社会主义先行示范区的意见》印发，明确了深圳的五大战略定位，其中“城市文明典范”与“民生幸福标杆”都表明，深圳不仅有追求经济发展的拼劲闯劲，更有建设精神文明的动力和充满人文关怀的温情。因此，建设城市文明典范、打造民生幸福标杆，是深圳建设中国特色社会主义先行示范区的内在动力和必要保障，有必要对其进行研究和探讨。实际上，深圳建设中国特色社会主义先行示范区，就是对习近平新时代中国特色社会主义思想的先行示范，就是要求在深圳率先建成小康社会，率先实现社会主义现代化。

2018年，民政部在《对“关于在全国推广‘时间银行’的

建议”的答复》中对时间银行完善养老服务、发展互助养老、促进社会和谐稳定的积极作用予以肯定，把建立“时间银行”作为发展互助养老的重要方式。2019 年，国务院办公厅《关于推进养老服务发展的意见》、深圳市《关于构建高水平养老服务体系的决定》等文件中，明确表示要积极探索时间银行的做法，推动社区和机构养老融合发展。

从深圳时间银行入手，探讨深圳建设中国特色社会主义先行示范区的老龄化养老重大难题，对打造民生幸福标杆、创建城市文明典范具有重大的历史意义。

三、深圳时间银行与民生幸福标杆的思想层面高度一致

深圳时间银行是深圳贯彻落实积极应对人口老龄化国家战略的有力举措，也是深圳担负中央使命、全力推进“老有颐养”民生幸福标杆城市建设的阶段性成果，为深圳养老工作带来新动力。

深圳时间银行既与国内外相关经验和政策衔接，又作了相关制度创新探索，全面系统规范深圳时间银行的发展工作，进一步落实推进养老事业发展的各项措施，满足老年人多层次、多样化养老服务需求。紧抓“双区驱动”“双区叠加”重大机遇和老年人口发展关键“窗口期”，打造“老有颐养”民生幸福标杆城市和构建高水平养老服务体系。

1. 民生幸福是中国特色社会主义的主要特征

民生是人类社会发展的主题，民生幸福是中国特色社会主义的主要特征，《中共中央国务院关于支持深圳建设中国特色社会主义先行示范区的意见》（以下简称《意见》）提出的打造民生幸福标杆，是深圳完成“五个率先”重点任务之一。习近平总书记指出：“让老百姓过上好日子是我们一切工作的出发点和落脚点。”[①]他进一步强调，“带领人民创造美好生活，是我们党始终不渝的奋斗目标”。

深圳建立经济特区 40 多年来，在迅速改变城市面貌、逐步富裕起来的同时，人民生活以从未有过的速度改善着，民生幸福内涵也在发生着深刻变化，特别是进入中国特色社会主义新时代，深圳人民美好生活需要日益广泛的同时，民生矛盾也发生了许多新变化，民生需求与供给的矛盾也更加突出。在这样的情形下，中央提出深圳打造“民生幸福标杆”，构建优质均衡的公共服务体系，建成全覆盖可持续的社会保障体系，实现幼有善育、学有优教、劳有厚得、病有良医、老有颐养、住有宜居、弱有众扶，这充分体现了习近平总书记和党中央对广东、对深圳的高度重视、亲切关怀和大力支持，标志着深圳民生幸福进入了全新的历史阶段。

---

① 习近平. 在辽宁考察时的讲话［N］. 人民日报，2013-08-30.

2. 民生幸福标杆是深圳经济特区价值所在

2020年是深圳经济特区建立40周年，也是深圳“双区驱动”“双区叠加”建设全面铺开、纵深推进的关键之年，是全面建成小康社会、实现第一个百年奋斗目标的收官之年。无疑，打造民生幸福标杆，是率先高质量全面建成共建共治共享共同富裕的民生社会的重要保障，深圳正以高度的使命感与责任感，扎扎实实的民生清单实事，让人民群众看到新变化、得到大实惠，不断提升民生幸福的获得感和幸福感。

3. 发扬特区精神大胆探索民生幸福标杆

深圳打造民生幸福标杆，必须以习近平新时代中国特色社会主义思想为指导，坚持辩证唯物主义和历史唯物主义世界观和方法论，遵循逻辑与历史相统一、理论与实践相统一、问题与结论相统一的原则，在探究民生幸福标杆的思想渊源、检视深圳民生幸福标杆的建设经验与教训、借鉴国外社会福利发展的基础上，重点研究改革开放以来特别是经济特区建立以来，深圳推进民生幸福的实践路径，进而发扬敢闯敢试、敢为人先、埋头苦干的特区精神，打造民生幸福的“深圳样板”。由此，必须明确深圳民生幸福标杆的基本指向与路径，明确深圳民生幸福标杆的特殊价值，在努力探索深圳民生发展基本规律中，回答新时代的深圳“打造什么样的民生幸福标杆、怎样打造民生幸福标杆”一系列重大理论和实践问题。总体来说，就是要围绕新时代深圳民生幸福标杆系统回答几个基本问题。

（1）需要回答和阐释民生幸福标杆的相关概念

“民生”一词源自春秋时期，迄今已有2600多年的历史。民生是一个具有中国特色的概念，其指向是一定区域内群体人的生活，解决的是该区域内群体人的生存与发展问题。就深圳而言，就是全体深圳人的现代生活状况。由此，深圳的民生幸福是指深圳人生存发展的整体样态。事实上，当下民生已从以往的衣、食、住、行等基本物质生活样式，逐步拓展为经济生活、政治生活、文化生活、社会生活和生态生活在内的全面发展的生活样式。民生幸福标杆，是指在党的领导下，立足社会主义初级阶段的基本国情，在改革开放和社会主义市场经济条件下，为率先形成共建共治共享共同富裕的民生幸福生活，促进人的全面自由发展进行的创造性活动。唯有如此，深圳才能够以先行示范的身份成为中国众多城市民生幸福标杆的优秀代表，进而为全国提供民生幸福标杆的“深圳样板”。

（2）需要回答和研究民生幸福标杆所要解决的重大问题

围绕“打造什么样的民生幸福标杆、怎样打造民生幸福标杆”这个主题，以新时代实现民生幸福为核心，以“率先形成共建共治共享共同富裕的民生发展格局”为主线，在回应广大民众需求不断扩展和升级的实践中，逐步形成一系列民生幸福的范畴与概念、基本价值、主体与动力、目标与重点、布局与路径、原则与标准、市场与政府、制度保障、国际参与、思想方法、基本特征等方面，应注重当下民生幸福的全面性和层次性。所谓民生幸福的全面性，就是既包括人员、区域、街道、社区的覆盖全面性，又包括人民群众生活水平与质量提升的全面性，也包括民生实践、思想和制度的发展全面性。所谓民生幸福的层次性，既包括按低中高不同收入群体生活状态而总体区分的底线民生、基本民生、品质民生三大层次，又包括依据国家治理层级主导与推进民生建设的六个层次，分析上述两种层次的互含互动关系，特别需要强调的是，深圳各级政府的基本职责是要保证兜住底线民生和保障基本民生，重点发展品质民生，由此构建起从市到区至街道、社区的协调联动的多层级民生幸福标杆工作的“深圳样板”体系。

（3）需要回答和把握民生幸福标杆的历史地位和时代价值

中国特色社会主义进入新时代，民生幸福在与中国特色社会主义民生建设的互动中，正逐步显示出自身的历史地位和时代价值。对此，深圳打造民生幸福标杆需要把握好三个层面的内容：民生幸福是习近平新时代中国特色社会主义思想的核心内容，是内涵丰富、时代性极强的时代课题；民生幸福是对中国特色社会主义规律的新探索，正是人民生活的需要与生产的矛盾不停地循环运动，推动着人类社会不断地向前发展；打造民生幸福标杆是为中国特色的民生幸福事业发展提供新思路，深圳民生幸福标杆的建设成功经验不仅会赋予中国特色社会主义新的生机和活力，更加深层次的重要意义是将为全国民生幸福事业发展贡献深圳方案和深圳智慧，启示和推动全国人民不断走向美好幸福，共同创造美好生活。

四、深圳时间银行与城市文明典范的文化内核高度一致

大力弘扬志愿精神，打造城市文明典范。“中国特色社会主义是物质文明和精神文明全面发展的社会主义。经济特区要坚持‘两手抓、两手都要硬’，在物质文明建设和精神文明建设上都要交出优异答卷。”在深圳经济特区建立40周年庆祝大会上，习近平总书记的讲话掷地有声。

新的征程上，深圳不仅要在物质文明建设方面先行示范，还要在精神文明建设方面先行示范，通过创建全国文明城市这一重要载体和抓手，推动“五位一体”全面协调发展，实现全方位先行示范，打造彰显国家文化软实力的现代文明之城，成为现代城市文明的典范。

首先，“时间银行”式互助养老服务制度是一种既定回报型的志愿活动，但并不能单纯地认为是“存”和“取”的关系，用“付出”与“回报”来形容似乎更加贴切。这相较于传统的无偿奉献的精神，更符合现代社会市场经济人的理性假设，更能调动人们的积极性和持续性。虽然老年人由于身体机能、组织结构功能退化，更容易发生各种意外和疾病，属于弱势群体，但他们需要的是平等和尊重，他们不希望被同情、怜悯，“时间银行”作为一个互助的平台，使得老年人之间相互帮助，充分挖掘他们的社会价值，共同安享晚年，形成良性循环，有益于

老年人的身心健康发展。

其次，深圳时间银行提倡助人为乐，有助于在人们之间重新建立友谊与信任，改变社区邻里见面不相识的冷漠局面，拉近人们之间的距离，促进人们之间的交往，形成助人为乐的新风尚。在调研中发现，社区的志愿者很少上门为老年人提供服务，大多数是在社区集体活动时提供一些娱乐、书画或者法律咨询等类型的服务，并不是志愿者不愿上门为老人服务，而是街道或是居委会有规定，不允许志愿者上门进户提供服务。其主要原因是若是上门服务的话，志愿者或者被服务的老年人的人身安全以及老年人的家庭财产安全难以得到保障。其实究其根源是，在现代市场经济条件下，经济利益至上的前提下，产生了很多的道德问题，人们之间的信任逐渐缺失。

再次，“时间银行”式互助养老服务制度有助于发扬尊老爱老的优秀传统，并为年轻人提供学习的榜样。现代社会人们普遍追逐功利，一生为金钱、为名利而奋斗，助人为乐的传统美德被很多人抛之脑后。通过参加“时间银行”式互助养老服务，可以唤醒人们内心深处的道德，为青少年树立榜样，有利于青少年思想道德的培养。同时温暖的社区气氛容易提高人们对社区的归属感，有助于和谐社区的建设，对于我国精神文明建设具有重要的作用。

为此，深圳谋划推进提升市民文明素质和城市文明程度的举措，力求打造更高水平的城市文明。深圳把培育和弘扬社会主义核心价值观作为凝魂聚气、强基固本的基础工程，使社会主义核心价值观逐步成为深圳人自觉的行为准则，知行合一，为城市凝聚起改革开放再出发的强大精神力量。在城市文明创建中，深圳用向善向上的力量，凝聚强大的正能量，成为受人瞩目的关爱之城、文明之城。

回顾深圳志愿服务事业发展历程可以发现，时间银行出现在深圳是必然的。1990 年 4 月，深圳成立了义工联合会，这是中国内地第一个义工法人志愿者组织。30 年来，深圳志愿服务事业与经济特区发展紧密相连，志愿者从最初的 19 人发展到目前的 208 万人，志愿服务组织达 1.4 万个。如今，深圳时间银行充分彰显了奉献、友爱、互助、进步的志愿精神。

1986 年，联合国正式确立每年 12 月 5 日为国际志愿人员日。4 年后的 1990 年，19 位深圳青年开通了一条“为您服务”的热线电话，专门为打工人群提供职场引导、生活建议、心理咨询和情感陪伴。他们虽然并不知道国际社会、发达国家倡导的志愿人员概念，但却从人性和内心出发，去做了一件开启历史的事情。他们成为深圳第一批义工工作者，也开启了第一个志愿服务项目，迈出了中国内地志愿服务事业的第一步。随后，中国内地第一个法人志愿服务组织——深圳义工联成立了。

30 多年后，19 这个数字变成了 208 万！每 8 个深圳常住人口中就有一位志愿者。这为深圳经济特区 40 多年伟大成就增添了更让人尊重的有力注脚。这也是为什么习近平总书记在深圳经济特区建立 40 周年庆祝大会上，在称赞深圳实现“五个历史性跨越”中，会专门为深圳精神文明建设点赞的重要原因之一。

“我不认识你，我要谢谢你！”“赠人玫瑰，手有余香！”这一句句平实温暖的话语，勾勒出深圳人40多年砥砺前行、守望相助的生动场景，更激励着一代代深圳志愿者投身于温暖他人的事业。尤其是在2020年不平凡的一年中，在举国抗疫的难忘历程里，包括深圳在内的全国各地志愿者，再次迸发出惊人的能量，彰显了中国优秀传统和时代精神。

1.4万个志愿组织，这还仅仅是深圳义工联旗下的统计数据。如果说政府最擅长为社会提供标准化服务，那么志愿服务就像散布在城市里随时出击的轻骑兵，他们拥有着对社会多元化、小规模和个性化需求的响应能力。这种响应能力正在日趋专业化。

2017年开始，深圳志愿服务迈向3.0模式。深圳志愿服务在提供社会服务的基础上，开始集中力量向参与社会治理、凝聚社会共识跨越。在深圳治水攻坚的大战役中，志愿者河长、护水骑兵等五个圈层体系化队伍开始探索专业志愿服务；在邻里社区、农贸市场，深圳志愿者全面投入到食品药品安全、城市公共安全、生活垃圾分类等基层一线治理工作。人民的期待在哪里，志愿服务就在哪里。这种参与本身既是强大的推力，更蕴含着“事非经过不知难”的团结力。

“我想去做点什么”，这是志愿服务最朴素的出发点，也蕴藏着深圳建设先行示范区的最强大合力。这种精神的旗帜必须高高举起，迎风飘扬。

五、深圳时间银行互助养老推动中国特色社会主义先行示范区志愿公益发展

深圳目前批准华海幸福时间银行作为试点运营单位。深圳市华海幸福时间银行开创了全新的志愿公益养老模式。主要以身心健康的低龄活力老人和其他志愿者服务高龄老人及需要照顾老人为目标，志愿者可将服务和照顾这些老人的时间存储起来，在未来需要时以此交换自己所需的服务。深圳市华海幸福时间银行的实质是通过构建中间媒介，将服务和劳动用时间量化，通过劳动成果的跨期支付，进行社会服务的平等交换，实现志愿公益养老服务。

1. 深圳市华海幸福时间银行始终坚持慈善公益的运营宗旨

2021 年 8 月 17 日，习近平总书记主持召开中央财经委员会第十次会议。习近平总书记在会上发表重要讲话强调，共同富裕是社会主义的本质要求，是中国式现代化的重要特征。会议指出，要坚持以人民为中心的发展思想，在高质量发展中促进共同富裕，正确处理效率和公平的关系，构建初次分配、再分配、三次分配协调配套的基础性制度安排，加大税收、社保、转移支付等调节力度并提高精准性，扩大中等收入群体比重，增加低收入群体收入，合理调节高收入，取缔非法收入，形成中间大、两头小的橄榄型分配结构，促进社会公平正义，促进

人的全面发展，使全体人民朝着共同富裕目标扎实迈进。

为了缩小贫富差距，中国已开始实施三次分配制度。初次分配以效率为原则，靠市场。再分配，靠法律，靠两个制度：一个叫累进的所得税制度，另外一个叫收入保障制度。第三次分配，以道德为原则，鼓励高收入者把钱捐出来，主要是捐赠给国家的科技创新基金和公益事业。第一次分配强调效率原则，以市场化来完成。第二次分配以公平为原则，以法律来完成。第三次分配以道德为原则，以捐赠的方式，让更多的钱进入整个社会发展中来。

深圳市委市政府坚定践行习近平新时代中国特色社会主义思想，积极探索中国特色社会主义先行示范区建设，支持深圳市华海幸福时间银行为慈善机构，可以成立慈善基金给予机构运营发展支持。面对中国时间银行养老模式的多方面发展困境，深圳市华海幸福时间银行利用深圳市场化、法治化的优势，采用个人捐赠和社会捐赠的方式来支持深圳时间银行志愿公益养老模式发展。

现在深圳市华海幸福时间银行在福田区得到了深圳市福田区慈善会星河慈善基金的支持；经深圳市盐田区民政局批准在盐田区慈善会成立了冠名基金支持运营；深圳市社会福利中心福彩公益金给予了深圳市华海幸福时间银行支持；深圳市华海幸福时间银行已经取得深圳市慈善会初步同意，成立本机构的冠名基金；同时，深圳市华海幸福时间银行还分别得到深圳市委宣传部及深圳市文化广电旅游体育局的深圳市宣传文化事业发展专项基金、深圳市社会科学联合会课题研究基金、深圳市福田区委政法委社会建设专项资金的支持。此外，贾海霞博士也对深圳市华海幸福时间银行进行了个人捐赠。这既是对中国特色社会主义先行示范区的探索，也是对共同富裕的第三次分配思想的践行。

2. 深圳市华海幸福时间银行探索志愿公益养老服务的意义

深圳市华海幸福时间银行整个运营过程摒弃依靠线上流量运营的商业思维模式，坚持实行依靠个人或社会捐赠的公益性运营模式，具有显著的优势与意义。深圳是志愿者之城，深圳市华海幸福时间银行激发了志愿者的服务意识，突破了单向的无偿奉献，实现了对服务志愿者合理、稳定、多元的回报，满足了老年群体的多样化需求。

从深圳市华海幸福时间银行近年来的实践看，互联网平台的高度发展、社区网格化的成熟，为推广大规模、标准化、多样性的深圳时间银行提供了基础。一方面，互联网平台聚集了更多志愿参与者和有需求的老年人，并为信息匹配和服务评价提供保障。另一方面，随着参与规模扩大，参与志愿者获得了更多样化的产品和服务，时间银行通过改变业余时间的消费模式，赋予了志愿公益活动更多的时尚性和现代感。

深圳时间银行探索志愿公益养老服务的意义主要体现在两个方面：一是志愿服务以养老帮扶为主，带有强烈的爱心志愿公益精神。深圳时间银行将志愿公益和社会养老有机结合起来，通过志愿服务将互助养老推向一个新的高度。深圳时间银行将“爱心和志愿服务”“零存整取”，既体现着社会崇尚尊老敬老爱老助老的传统美德，又体现着当代中华儿女积极应对人口老龄化的责任担当。深圳时间银行正以“人人可参与，人人可作为”的方式彰显着奉献、友爱、互助、进步的志愿精神，推动了深圳志愿者之城不断发展。二是深圳市华海幸福时间银行坚持实行依靠个人或社会捐赠的公益性运营模式，充分利用了深圳市场化、法治化优势，将政府宏观政策指导和社会化运营平台有机结合起来，不断深入探索效率兼顾公平的城市治理模式和社会分配制度，推动了先行示范区志愿公益发展，向“民生幸福标杆”迈进，体现出勇于担当、敢于创新的先行示范区的探索精神。它践行了共同富裕的第三次分配制度，丰富了习近平新时代中国特色社会主义思想的实践，推进了深圳建设中国特色社会主义先行示范区进程。

SHENZHEN SHIJIAN YINHANG
DUI
SHENZHEN JIANSHE
ZHONGGUO TESE SHEHUIZHUYI
XIANXING SHIFANQU
DE
QISHI

第四章

深圳时间银行对深圳建设中国特色社会主义先行示范区的启示

深圳时间银行的研究内容均来源于长期的一线服务经验和实地走访调研，具有很高的应用价值，明确了建设城市文明、提升民生幸福对深圳发展的影响，为深圳市解决社会老龄化严重问题、创建社会主义先行示范区等提出实践性、建设性参考。

一、深圳时间银行的诚信体系，对深圳先行示范区的文明建设启示

时间银行首先是一种志愿服务，志愿者出于爱心与奉献精神为他人提供服务与帮助，没有其他外界因素可以强迫志愿者提供服务。同时，时间银行提供了一种特殊的激励机制，志愿者提供的服务不再是没有任何回报的，这种回报会发生在志愿者需要帮助的时候，可能是几年以后甚至几十年以后。

深圳时间银行以“相互信任，互帮互惠”等价交换原则为基础，利用互联网技术、定位系统、人脸识别技术、人工智能以及区块链技术开发的信息化系统，然后通过小程序将志愿者奉献的等量价值的劳动储存到时间银行兑换平台，待志愿者年

老时，再由其他年轻志愿者为其提供同等价值的养老服务。这种以先进互联网技术为支撑的兑换模式，确保了志愿服务时间的准确性和存储交换的可靠性，进而建构了时间银行的诚信体系。

深圳时间银行诚信体系对文明建设的启示主要有两点：一是时间银行诚信体系实现了线上和线下相结合的志愿者互动公益服务，解决了志愿服务传统养老模式存在的难以落地、难以评价等信用问题，为传统线下志愿服务创造了可视化、可信赖、可评估的平台；二是时间银行的交换价值理念和信用评价标准，可以将志愿服务信息纳入社会信用体系，有效打通市民道德诚信实践与社会信用评价体系的转化通道，让道德诚信建设数据化、可视化和可衡量。

二、深圳时间银行的孝亲敬老，对深圳先行示范区的文化建设启示

时间银行提倡孝亲敬老，为老服务的方式主要有以下几种：一是照料行动不便的老人，如为老人洗被子、洗衣服、打扫卫生等日常生活照料；二是给予老人物质上的帮助，如买油、买面、送水；三是精神上的鼓励，如举办生日会、节假日娱乐活动；四是心灵上的慰藉，如经常给老人介绍一些心理学知识以及排遣孤独郁闷的科学方法。

深圳时间银行孝亲敬老对文化建设的启示主要有两点：一

是促进了我国孝文化建设，弘扬传统的孝文化理念，让每个老年人都能安享晚年成为全社会的共识；二是形成了互助互爱的文化氛围。时间银行通过年轻的志愿者向没有血缘关系的老年人提供爱心服务，不仅有利于提升双方内心的愉悦感和满足感，更有利于形成互助互爱的文化氛围，进而激励年轻人共同孝敬上一代老年人。

三、深圳时间银行的等价交换，对深圳先行示范区的社会建设启示

社会交换理论主张人类的一切行为都受到某种能够带来奖励和报酬的交换活动的支配，因此人类一切社会活动都可以归结为一种交换，人们在社会交换中所结成的社会关系也是一种交换关系。社会交换理论在时间银行互助养老中有着充分的体现，志愿者加入时间银行互助养老的行列，向有养老需求的老年人提供养老服务，并且将提供的服务进行量化，然后将这些时间存储起来，在志愿者需要服务的时候进行等量支取。这个过程就是社会等价交换的过程。

深圳时间银行的等价交换，对深圳先行示范区的社会建设启示有两点：一是解决了社会老龄化的重大问题。深圳年轻人工作忙、节奏快，深圳养老多以养老院为主，这种养老模式不利于提高老年人的幸福指数。而深圳时间银行将志愿者服务与居家养老结合到一起，既减轻了年轻人的经济负担，又提高了

老年人的幸福指数，创新了深圳养老服务模式，为提高社会治理水平和治理能力提供了重要参考。二是为健康退休老人发挥余热提供重要途径。许多低龄健康老人退休以后无事可干，倡导他们参与为高龄老人提供养老服务，不仅给他们的老年生活带来一定的精神愉悦，也为老年人重新参与社会活动提供重要渠道，再次体现他们的社会价值。

SHENZHEN
JIANSHE
SHIJIAN YINHANG
SWOT FENXI

第五章

深圳建设时间银行 SWOT 分析

作为经济特区的深圳，为深圳时间银行建设提供了独特的优势与机遇；而作为先行示范区的深圳，也为深圳时间银行建设带来了一定的压力与挑战。

一、深圳建设时间银行的优势

作为改革开放前沿城市，与其他城市相比，深圳时间银行建设有显著优势。

1. 深圳的创新精神，为深圳时间银行的探索提供动力

深圳的创新精神主要表现为政府和市民都乐意接受与尝试新事物与新理念，宽容失败，勇于探索，这种创新精神为深圳时间银行的探索提供了强大的动力。一是深圳市政府的政策支持，创新成立独立的法人机构——深圳市华海幸福时间银行老人关爱中心，探索、实践深圳时间银行的发展，正是深圳市政府的大胆创新，为深圳时间银行提供了探索机会。二是深圳的创新精神推动更多人愿意尝试参与深圳时间银行发展。深圳人

乐于接受新观念探索新事物，在实践中创造新鲜事物，面对深圳时间银行的落地实施，许多专家与市民排除万难，持续不断地推进深圳时间银行向前发展。例如福田区益田等社区在社区党委的领导和市民参与下，深圳市华海幸福时间银行老人关爱中心经过三年的努力成功在社区落地。

2. 深圳是志愿者之城，为深圳时间银行提供服务主体

1990 年 4 月，深圳成立了义工联合会，这是中国内地第一个义工法人志愿者组织。30 多年来，深圳志愿服务事业与经济特区发展紧密相连，志愿者从最初的 19 人发展到目前的 208 万人，志愿服务组织达 1.4 万个。深圳是志愿者之城，尤其是青少年志愿者较多，为深圳时间银行的发展提供大量的服务主体。

3. 深圳市场经济比较完善，为深圳时间银行提供了等价交换的社会环境

市场经济的本质是契约经济，经济越不发达的地区越容易出现不公平现象，深圳市场经济相对比较完善，形成了“讲诚信、守规矩”的契约精神，这种精神与深圳时间银行的等价交换理念一脉相承。正是由于深圳市场经济比较完善，人们有强烈的契约精神，这种契约精神为深圳时间银行的发展提供了等价交换的社会环境，许多人认同时间银行的价值理念，积极参与时间银行的实践与发展。

4. 深圳老年人社会组织体系完善，为深圳时间银行提供坚实的基石

深圳市老年人社会组织体系十分完善。一是有党领导下的老年人社会组织，二是有政府对老年人社会组织的支持，三是老年人社会组织有四级结构。这种完善的老年人社会组织为深圳时间银行的发展打下了坚实的基础。

二、深圳建设时间银行的劣势

深圳时间银行除了有明显优势，在某种程度上还有一定的不足与劣势。

1. 缺乏认知和宣传

深圳时间银行起步较晚，经验不足，时间银行互助养老这种模式还没能完全为广大民众所熟悉，主要的原因有两个方面。一是有关职能部门本身就缺乏对时间银行互助养老的基本认识，影响了工作进程和宣传力度。政府出台政策构建时间银行标准化的运行制度是保障时间银行规范性地应用于社区互助养老服务的基础，有些政府工作人员对时间银行的概念和认识不足，不懂得互助养老时间银行的运营模式和规律，对时间银行的落地和推广不积极。例如，深圳时间银行准备进驻南山区某个社区时，被某部门电话拒绝；有些社区工作人员对时间银行认识不足，流动性大、工作不积极。二是民众受传统养老思想以及公德意识的影响，参与深圳时间银行互助养老服务的积极性不高。

2. 志愿者的服务质量有待提高

志愿者的服务质量没有统一的可执行的准则，这导致了服务不能专业化、标准不能统一化。一是对服务质量缺乏明确而有力的监管，缺乏相关的法律规章约束和奖惩机制。深圳有些区域实施的有关养老时间储蓄制度规定，要求提供服务有两个及以上的参与者，而且在服务结束后要由接受服务方进行评断，同去的志愿者或者接受服务方进行签名确认，如果被评断为不满意的就是无效服务，不能被计入有关凭证中。所以，怎样进行评断，是时间银行中不可或缺的重要部分，它不仅能够体现公平性，而且还是有效的监督手段。二是深圳时间银行只是在一个地方作为试点，有关标准不清晰，还无法普遍应用于各地，必须设定统一的可行性强的评断标准。三是缺少社会的有效监督，志愿者能否诚实守信缺少社会舆论的监督，只是依靠道德的自觉性难以长久维持。

3. 时间量化标准不明确和通存通兑问题

（1）时间的换算和记录的方式不统一

深圳时间银行互助养老，志愿者向需要的人提供服务，最后按照规则和比率储蓄“时间”。要怎么确定规则和比率，要考量的因素众多，其中一个是如何计量劳动强度的问题。众所周知，在同一单位时间内，不同劳动的消耗是不一样的。每类劳动都有其价值，但如果把日常的打理和专业的医疗护理一样计量，缺乏必要的换算方式和比率，会造成志愿者只选择难度小的去做，难度高的被放弃，时间银行互助养老就无法长久发展。所以，在储蓄时间时，如果只是登记服务时间却没有注重其服务内容、劳动强度是不能体现公平的。其他地区时间银行互助养老就是因为对不同劳动强度服务的换算方式和比率无法确定，实践之路荆棘丛生。

（2）没有通存通兑转换的标准，无法形成通存通兑

深圳时间银行和国内其他地方的实践一样，只有自己的地方标准，而且还限制了其存取和转让范围。有的地区认为它是精神文明建设工程，不主张拥有类物质的转让。假使我们把它当作中短期的、微观的方式，那么上面的问题也无须详细思考。不过如果将它作为现有养老保障系统的重要组成部分，就要制订长时间的、宏观的方案。它不但要在某些区域能够通行，还要拥有在全社会通行的能力，就像货币储蓄一样能够通存通兑。

4. 社会资源吸纳不足

从国内成功的实践经验来看，时间银行的核心是要发挥以社会组织为代表的社会力量在互助养老服务中的作用，因此，时间银行的发展不能完全依靠公共财政的支持，而是要以社会力量为主要支持力量，推动时间银行优化进步。目前深圳时间

SHENZHEN
JIANSHE
SHIJIAN YINHANG
DE MUBIAO

第六章

深圳建设时间银行的目标

数据显示，1979 年深圳地区生产总值只有 1.96 亿元，2020 年深圳全市生产总值已突破 2.77 万亿元。深圳每平方公里生产产值高达 13 亿元之多，用县域大小面积创造了相当于省级经济体的财富，毋庸置疑，奠定了先行示范区和民生幸福标杆的经济基础。深圳经过敢闯敢试敢为天下先的改革创新实践，创造了世界现代化、城市化和工业化的奇迹，经济实力遥遥领先，特别是市场化、国际化、法治化等诸多方面均处于社会主义现代化建设先行位置。深圳的华为、腾讯、大疆、比亚迪、平安、招商银行等民营和股份制企业实践的成功案例，让市场在资源配置中起到了决定性作用，初步形成了坚持走中国特色社会主义道路的鲜活经验。坚实的发展预示着到 2025 年，深圳经济实力、发展质量将跻身全球城市前列，建成现代化国际化创新型城市；到 2035 年，建成具有全球影响力的创新创业创意之都，成为我国建设社会主义现代化强国的城市范例；到本世纪中叶，深圳以更加昂扬的姿态屹立于世界先进城市之林，将成为竞争力、创新力、影响力卓著的全球标杆城市。

为了配合深圳建设中国特色社会主义先行示范区三个阶段

发展目标，深圳时间银行的发展也将以此为依据划分为三个阶段目标。深圳时间银行通过三个阶段目标的运营与发展，鼓励更多志愿者参与关爱老人的志愿服务行动，形成“关爱长者、提升幸福、培育精神、创建文明”的社会风尚，最终在全国率先建成民生幸福标杆城市。

一、到 2025 年，探索深圳各行政区的时间银行试点

2020—2025 年为宣传推广期，在深圳各行政区至少有 5 个时间银行试点，初步探索政府、社区和社会组织共建共治的养老服务的新模式，进而突破深圳养老院养老的困境，为深圳老年人幸福生活创建一种新的模式。

二、到 2035 年，建成深圳各街道的时间银行体验区

2025—2035 年为体验期，在深圳 60% 的街道建成时间银行体验区。根据《关于加快推进养老服务发展的若干措施》《关于构建高水平养老服务体系的决定》等深圳重要文件精神，深圳大力推进时间银行等养老模式，基本实现老有颐养。

三、到 2050 年，建成深圳各社区的时间银行

2035—2050 年为实施期，建成深圳各个社区的时间银行。

通过时间银行的发展推动居家、社区和机构养老融合发展，进而在深圳全部实现老有颐养。同时，向全国积极推广深圳时间银行的创新模式及成功经验，为全国建设时间银行提供深圳范例。

SHENZHEN JIANSHE
SHIJIAN YINHANG
DE
DUICE JIANYI

第七章

深圳建设时间银行的对策建议

《关于支持深圳建设中国特色社会主义先行示范区的意见》指出，深圳要建成“城市文明典范”和“民生幸福标杆”。根据此战略定位，结合深圳时间银行发展的阶段目标，针对深圳时间银行存在的不足与问题，我们提出了深圳时间银行发展的四个方面的对策与建议。

一、坚持政策引导，构建政府、社会、社区组织共建共治的养老模式

1. 政府政策支持

在时间银行互助养老服务中，政府扮演政策制定者的角色，主要负责制定具体政策、督促工作实施、整合相关资源、购买服务以及监督等。政府在该模式的运行中具有重要的政策指引和监督作用，为该模式的发展提供有力的政策支撑和监管保障。

首先，深圳市政府根据国家相关制度出台和实施具体政策，并根据各行政区养老服务情况因地制宜实施具有针对性的措施

和办法。各区政府在开展时间银行互助养老服务时，要对本行政区的实际情况进行调研，调研内容应包括养老服务供给与需求情况、当地居民生活方式、社区成员年龄结构、人员流动性、老年人观念及认知情况等，通过前期调研选择适合的社区进行时间银行互助养老服务的试点，推进该模式的建立和完善。

其次，政府需要对时间银行互助养老服务的相关资源进行有效整合，主要是充分调动政策资源、社会组织资源、企业资源以及社区资源等服务于时间银行互助养老服务，为该模式的发展提供充足的资源保障。

最后，政府在购买一般性养老服务的同时也要购买时间银行高质量养老服务，以提高时间银行互助养老的服务水平和质量。政府购买的养老服务应包括照护服务、医疗服务以及心理健康咨询与治疗服务等，这些养老服务不仅能弥补社区互助服务层次较低、服务质量不高的不足，同时也能通过多元化和专业化的养老服务满足老年人多样化的养老服务需求，从而使得该模式在补充养老服务方面发挥重要作用。

2. 社区宣传推广

社区在时间银行互助养老服务中扮演着协调者的角色。它是在政府和社会组织之间架起一座桥梁，起到沟通和协调的作用，同时社区又对老年人养老服务现状和需求最为熟悉，可以为社会组织和老年人互助体系的信息传递和协调发挥重要作用。

首先，社区将养老服务需求和信息传递给社会组织。社区协助社会组织管理时间银行互助养老服务信息平台，及时传递和反馈社区老年人的具体情况，共同促进该模式的发展。同时，社区应对社会组织的管理和运行效果进行考核评估，及时发现该模式在运行中存在的问题并给予协调指导和解决。

其次，社区要对社区成员尤其是老年群体进行多种途径的政策宣传和指引。社区帮助社区成员了解和熟悉时间银行互助养老服务模式，同时记录社区成员的参加意愿和人数、服务提供者所能提供的服务种类以及服务对象所需要的服务等，充分掌握社区成员对该模式的参与情况，引导社区成员积极参与时间银行互助养老服务。

3. 社会组织大力投入

社会组织是指具有公益性、自治性、民间性及自愿性等特征，不以营利为目的，旨在服务于社会公益、慈善及社会服务事业的组织。本文中的社会组织是指第三方非营利组织。社会组织在时间银行互助养老服务中扮演运营管理者的角色，主要是负责管理和运行该模式的信息管理平台，并进行人员培训和提供专业化养老服务，是时间银行互助养老服务的核心参与主体。

首先，社会组织在政府政策的指引和扶持下参与到时间银行互助养老服务中。政府可以购买社会组织专业服务并对社会组织进行监管。社会组织的加入申请需要经过政府的审核批准，审核通过后，社会组织就可以主管时间银行互助养老服务信息管理平台的运营，直接负责互助对象的匹配、服务时间存储－提取管理、信息平台数据管理及转移接续等。

其次，社会组织以社区为依托对时间银行互助养老服务信息平台进行管理。社会组织在加入时需要提交申请，经过政府和社区审核通过后即可加入。社会组织依据服务专业化程度不同可以分为两种：专业型社会组织和互助型社会组织。专业型社会组织具有专业的服务团队和管理体系，主要负责时间银行互助养老服务的信息平台管理、服务供给和培训等工作；互助型社会组织是指一些志愿者团体、慈善机构以及基金会等，主要为互助养老服务提供人力、物力的补充。

最后，社会组织直接和社区成员及时间银行的参与者进行信息互动。信息互动包括参与者信息录入、服务类型统计、服务质量监督、互助服务对象匹配、服务时间存储－提取管理、信息平台数据管理以及参与者申请服务时间跨地区转移接续等。社会组织通过运营和管理时间银行信息管理平台，促进互助养老服务在社区成员之间开展和推进，也实现了该模式的规范化和体系化管理。

4. 社区成员积极参与时间银行模式的宣传

社区成员是时间银行互助养老服务主要的服务提供者和享受者，尤其是社区成员中的老年人是该模式最主要的服务对象，更有资格宣传、推广时间银行。社区成员可以分为两类：服务提供者和服务对象。本文中的服务提供者不局限于社区中的老年人，而是社区中有助人能力并愿意参加该模式的社区成员；服务对象则主要指社区中有养老服务需求的老年人。社区成员是时间银行互助养老服务最基本的服务供给来源，也是最主要的服务需求群体。

首先，服务于社区成员特别是社区老年人是时间银行互助养老服务的目的所在。政府对社区成员的养老服务需求进行收集和评估，以此来进行政策的制定和实施，以满足社区老年人多元化的养老服务需求。因此，社区成员是时间银行互助养老服务开展的起始点亦是落脚点。

其次，社区成员主要提供养老服务需求。社区成员通过反馈给社区（居委会）进而由社区引入养老服务供给以满足其养老服务需求。同时，社区成员是社区政策宣传和推广的主要接收者和信息反馈者。通过两者的信息传递和反馈，促进互助养老的服务供给和需求满足。

最后，社区成员积极配合参与。社区成员是时间银行互助养老服务信息平台最主要的管理客体，社会组织通过信息管理平台进行社区成员信息登记录入、互助服务对象匹配、时间记录和兑换等工作的对接和沟通，逐步形成完整的互助养老服务体系。同时，参加时间银行互助养老服务的社区成员接受社会组织的监督和管理，一方面保障参加者的权益，另一方面也有助于为时间银行的发展构建良好稳定的运行环境。

二、加强志愿者队伍建设，提高志愿者服务质量

志愿者是服务的主体，是重要的服务因素。针对志愿者服务质量不高的问题，我们从四个方面提出建议。

1. 以传统孝文化为价值导向提高志愿者素质

社会交换是建立在价值共识的基础之上，深圳时间银行弘扬传统的孝文化理念，宣传尊老、敬老、养老的社会道德观念，建立尊老养老的奖励措施，以形成良好的社会氛围，让“老有颐养”成为全社会的共识。社会共识的建设，还有利于满足志愿者的精神需求，提升其内心的愉悦感和满足感。在深圳时间银行的为老志愿服务过程中，许多低龄老年人认为，不管将来的兑现如何，现在为高龄老年人服务就是一种社会价值感和幸福感的提升。

2. 加强志愿者服务技能培训

时间银行的服务对象为高龄老人，基于服务对象的照护需求，志愿者需要接受专业的照护技能培训，提升服务能力以解决时间银行服务层次低、服务内容单一的问题，提升社会交换的资源质量。一方面，加强时间银行与专业养老机构的合作，着重引入养老机构标准化的日常护理知识，比如护理清洁技能、陪伴技巧等，将养老机构专业的照护技巧传授给志愿者，提升

志愿者的服务质量，为服务对象提供更加规范化的服务。另一方面，加强时间银行与医疗机构的合作，让专业医疗机构向志愿者传授简单的急救技能和护理技能，加强对志愿者的医疗康复服务技能培训。

在志愿者服务技能培训方面，美国老年志愿者服务银行的做法具有较高的参考价值。美国老年志愿者服务银行规定所有参加的志愿者都要接受培训，培训的内容包括老年人生理与心理知识、伦理学、急救等知识；并规定志愿者每年还应接受额外的培训内容，目的主要在于增强志愿者服务的专业性。深圳时间银行可以借鉴此做法，对志愿者的培训内容、培训时长做出明确的规定，并且以政策刺激专业医疗机构与时间银行产生联动，定期为志愿者开展以医疗照护技能为主的培训服务，使志愿者的服务范围不再局限于满足老年人一般的照护需求，还可以为失能失智老人提供更为专业的照护服务。

3. 加强组织架构建设

为了实现时间银行互助养老的可持续发展，加强志愿者队伍建设必不可缺。积极鼓励优秀活跃的志愿者，如给予优秀志愿者荣誉奖励；积极组织社区互动，不仅要组织志愿者之间的互动，同时也要加强志愿者与被服务者之间的互动，满足大家互动交流的精神需求，增强对社区的认同感；政府应该定期组织免费培训志愿者，为志愿者提供技能培训，提升志愿者的专业服务水平。

4. 加强志愿者激励机制建设

公平公正的积分兑换机制是对志愿者参加养老服务活动的肯定和激励，志愿者通过提供服务存储积分，在自己或家人需要帮助时，通过家庭账户兑换相应的服务，也可以适当地兑换一些实物，如家庭日用品、电影票、购物券等。在发达国家，志愿服务制度比较完善，相应的物质激励措施都有相关的明确规定，我国一些发达省份、城市，如广东、杭州、成都等，政府也出台相关激励政策鼓励大学生参与志愿服务活动。

为了鼓励更多志愿者投入时间银行互助养老志愿服务，深圳也可以参照其他国家和国内其他省市的志愿服务奖励制度，建立健全公平公正的积分评估与兑换机制，吸引更多志愿者投入到时间银行的互助养老服务，促进时间银行可持续发展。深圳互助养老服务时间银行应具体细分养老服务时长，可把服务时间按 120、240、500、1500、3000 五个时间段分为五个星级，每个星级提供相应的物质和精神奖励，如发放荣誉证书、门前挂牌、积分奖励、现金奖励、给予一些合作机构的优惠服务等。星级越高所能享受到的奖励越丰厚，甚至还可获得一些额外的奖励，比如终身免费获得时间银行志愿服务、成为互助养老服务时间银行 VIP，可参与时间银行所组织的各类拓展活动、培训活动等，以此调动志愿者的参与热情。

三、完善深圳时间银行技术保障，提升公信力

公益的核心竞争力是公信力，时间银行互助养老急需理清“谁来为日后信用危机甚至信用破产负责”的问题。时间银行互助养老是现代社会的信用产物，人们出于对该机构和制度的信任，选择付出时间和服务，以求日后兑现自己的相应需求。如果累积的“时间币”日后难以兑现，其结果将是时间银行互助养老模式的失败，甚至会透支公众对社会公信力的信心，也动摇了社会信任的基石。

因此，政府应该出台相关的政策，对时间银行互助养老服务中合法性、服务方权益、管理方权益、时间币储存、时间币兑换、时间币赠予方面进行合理的规定。建立公信力和提高老年人对陌生人的信任度是一个需要长期努力的事情，并非一朝一夕的改变就能有质的提升。政策保障是基础，内部建设是关键，最终目标是提高社会公信力以及服务者信任度。

1. 构建全国统筹的时间币通存通兑宏观机制

要实现时间币全国的通存通兑，明确统一规范的服务兑换标准，解决时间银行中不同强度、不同技术含量的劳动付出之间的公平性不足和各时间银行的服务兑换标准不一的问题是基础。

首先，可参考民政部颁布的《老年人能力评估标准》等政

策，对老年人的能力和照护服务需求项目进行更标准化的分级，依据一定的标准逐步进行细化，并在相应统筹层次范围内建立统一的“时间币”计算标准。如将所有服务需求划分为生活照料、康复护理、精神慰藉、社会交往和临终关怀五大类，每一类再细分成若干具体项目，项目间可以互相折算。

其次，在志愿者完成服务后，服务质量的评估、时间币的存取系数、时间币兑换系统设计等工作均可交由具有权威性和专业性的第三方来执行，比如由民政部聘请高校专业评估团队或市场评估咨询公司进行评估，以保证技术支持方的独立性和专业性。

最后，完成了规范统一的服务兑换标准后，实现时间银行全国性统筹还需要在现有社区级和街道级的基础上，逐步升级至县市级、省级乃至国家级，实现各级时间银行的联动流通。成立“国家时间银行总行”，承担各地时间银行政策指导、管理标准制定、调动全国时间银行服务资源的任务，将全国各家时间银行联成一张覆盖全国各社区的密网，方便志愿者、服务对象就近提供和享受养老照护服务，有效发挥时间银行进社区为老人提供居家照护的作用。

2. 制定时间币存储兑换的标准

时间银行最突出的特点是用虚拟货币作为有偿服务的媒介。但是，由于时间银行现今所涵盖的服务种类繁多，各种服务的劳动水平和复杂程度不能用一个标准去限定，因此，建立一个人性化、多层次的服务计量标准可以更加公平公正地保障服务者和被服务者的权利和义务。

首先，对于同一总行下不同分行对于同一类志愿服务活动的时间积分要统一标准，以免引起会员们对积分标准权威性的质疑，影响会员们参与社区志愿服务活动的积极性。

其次，根据服务项目的不同种类、不同强度、不同难易程度和不同服务时间等因素，分为不同的服务等级，针对服务等级的不同，时间币的存储与兑换系数也不同。

最后，时间币与人民币之间也要制定一个合理的折算比率，为时间币的自由买卖以及用时间币兑换物品提供依据。制定科学合理的时间币存储兑换标准，有利于保障志愿者提供的养老服务所创造的价值，从而提高志愿者为老年人提供志愿服务的积极性。

3. 允许时间币捐赠转让

在时间银行互助养老模式中，允许时间币进行捐赠转让，有利于提高时间币的流动性，有利于吸引更多年轻的志愿者参与时间银行。志愿者参与时间银行提供服务以后，所获得的时间币储存在时间银行的个人账户，直到需要服务的时候才能进行支取，年轻志愿者对此有顾虑，认为兑换服务对自己来说是一件遥远的事情，不确定自己年老时是否能真的兑换服务，因此年轻志愿者更愿意把自己储存的时间币转让给家人，以此保证自己的权益。另外，时间币的可捐赠、可转让性使得志愿者可通过参与时间银行为自己的家人储存时间币，保证家人得到养老服务，这种机制有利于提高志愿者的参与积极性。

首先，深圳市要想实现时间币的捐赠转让，需要建立一个专门的时间币捐赠转让机构。可参照献血制度，即储存的时间可以在家庭中进行转移，在此基础上，建立一套捐赠转让机制。可以以家庭为单位，家人之间可进行相互继承与转让；也可以以个人为单位，只允许自身使用；还可以以团队为单位，某一类型人群建立团队，时间积分可在此团队间进行借贷与转让。

其次，还可以建立一个时间币的透支机制。当参与者时间币不足时，可以从时间银行系统透支时间币，以此获得需要的帮助，之后参与者通过提供等额的养老服务来偿还以前透支的时间币。同时，时间币的透支机制需要一个完善的时间货币信用系统来进行监督，比如个人担保机制、亲属担保机制，当参与者透支的时间币没有及时归还时，则要对其实施一定的惩罚措施。

4. 建立时间银行信息管理系统

时间银行互助养老服务在更高统筹层次上的通存通兑，离不开信息管理系统的技术支持，时间银行信息管理系统，采用大数据、区块链等技术对城市社区互助养老服务中供需双方的资源和需求进行匹配管理，实现互助服务高效智能化发展。统一的信息管理系统方便参与时间银行的服务者和服务对象及时存储或提取时间，并将自己所能提供或所需要的服务种类发布在网站上，这样不仅能快速归类和查找自己所需的服务项目，同时也让服务者和服务对象双方的需求信息沟通顺畅，让时间银行互助养老服务匹配效率得到提高。此外，该信息支撑平台的建立，会将各个地区零散的时间银行互助养老服务试点串联成一张网，让所有参与该模式的人员数据得到最大范围的整合和统一的管理，有效提高统筹层次以及解决转移接续问题，使得时间银行互助养老服务模式得以广泛普及和发展，也为该模式的持续健康发展提供可靠的技术保障。

首先，在志愿者和服务对象的信息登记环节上，志愿者可以通过手机端或电脑端，完成对个人服务能力和意向的登记，时间银行工作人员可在线上完成志愿活动内容和服务对象的服务需求发布工作，服务对象可在线上查看和联系服务于自己的志愿者。

其次，在服务活动供需匹配的环节上，时间银行采用信息技术，利用平台中存储的个人数据对志愿者和服务对象进行智能匹配，在线上完成志愿者和服务内容、服务对象的对接。服务完成后，志愿者可以登录个人账号查看完成的服务内容、服务实践及获得评价等内容，便于储户随时调阅查看存储信息。

最后，在服务时间存兑和流通环节上，个人账户的服务信息、货币信息等纳入统一的信息网中，志愿者和服务对象可在各时间银行存储和提取服务、享受服务、兑换时间币等。

四、加强深圳时间银行资源保障，推进深圳文明城市建设

时间银行是一个新鲜事物，处于婴儿期，需要政府、社会各方人员和组织一起，集合力量保障时间银行运营。社会人力、物力、财力的支持和有效整合，可以加速推进时间银行的发展。时间币是深圳时间银行互助养老服务的交换媒介，通过人脸识别、人工智能、区块链等新兴技术优化这一交换媒介，加强了时间币的存取保障性和通存通兑性。时间银行为传统线下志愿服务创造了可视化、可信赖、可评估的平台，增强了社会各个阶层的志愿者共同参与养老服务的积极性。为了保障时间银行的健康发展，推进深圳文明城市建设，我们从三个方面着手。

1. 多渠道引导社会资金投入

在政府构建顶层保障制度的基础上，时间银行的长久运行还需要社会资源的参与支持，解决时间银行内部的设施配备、场地建设、资金不足的问题，形成社会养老福利多元供给。在扩充时间银行的资金来源方面，要通过与企业合作、为社会捐赠提供优惠等措施，引导社会资金流入时间银行中。时间银行应该有针对性地制定相应的方案，撬动社会养老服务资源、社会捐赠的投入。

首先，鼓励企业以团队组织的形式入驻平台。企业参加平

台上的各种服务活动或捐赠活动，既树立了企业的正面形象，获得社会效益，同时也有部分企业会组建自己的爱心基金会，为时间银行注入资金。

其次，借鉴日本时间银行的资金筹措方法，拓展深圳时间银行资金来源渠道。日本在时间银行网站上标明接受各类公益基金的捐赠，并免除公益基金向时间银行捐赠时的捐赠税，以此鼓励社会捐赠。参考此种做法，我们可开放时间银行的资金筹措渠道，支持基金会捐赠、企业捐赠、个人捐赠等资金流入模式，并对捐赠的资金使用进行公示，保证资金使用透明化。

最后，加强对资金捐赠方的鼓励和宣传工作，为向时间银行捐赠资金、购买设备的企业提供税费减免政策，为向时间银行输送人才的社会组织予以资金补贴等奖励政策，对个人捐赠者予以表彰，以此激励社会资金的积极流入。

2. 多措施鼓励社会人员参与时间银行志愿者服务

人力资源的注入是城市社区时间银行互助养老服务模式得以运行和发展的基础，也是实现养老服务资源社会交换的基础，而社会公众的参与度在很大程度上取决于他们的了解程度和信任度。为解决公众对深圳时间银行的认知和参与不足的问题，我们应当从利用媒体推广时间银行和采用有效激励措施鼓励人员参与两个方面做起：

首先，要加大主流媒体的宣传力度，提高公众认知度。主流媒体可以根据不同受众群体的特性，选择差异化的宣传方式。

根据社区老人对熟人的信任度更高的特点，针对社区老人的宣传可采用时间银行工作人员上门宣传、社区集中宣传、通过子女向老人宣传等形式，发动社区老人积极参与到时间银行中。根据青年人对网络依赖性更强的特点，充分利用微信、微博、知乎等媒介，通过互联网上知名度较高的“大V”的宣传，以快捷便利的途径向青年人宣传时间银行的涵义、优势、运行过程等，在潜移默化中让社会大众知晓、认同并参与，进而为时间银行输送更多人力资源。

其次，要构建完善的时间银行参与激励机制。拉动社区内部的家庭互助、亲友互助，发动社区外部的企事业单位以及大学生的志愿服务力量参与其中，对那些储存时间多、服务质量好的志愿者给予精神奖励和适度物质奖励，如挂牌表彰、颁发奖状、发放纪念品等。并鼓励在校大学生将参与时间银行互助养老服务作为社会实践的项目，充分激励社区内外人力资源不间断参与到时间银行互助养老服务中，实现时间银行的长效运行。

3. 多方位链接社会支持

社会物力资源以及医疗机构的专业照护资源参与是丰富时间银行互助养老照护内容的重要手段，为此，可从以下两个方面链接多元的社会资源。

首先，时间银行可以通过招商宣传等形式，吸纳企业投资配备康复器材、修建活动场地。企业冠名捐赠活动器材、建设活动场地，既能够丰富时间银行的硬件设施，还能够为企业带来持续性的宣传效应，于企业和时间银行双方皆具有正面效应。同时，时间银行还可以与社区内外商家、公共交通系统等合作，赋予时间币购物、乘车等功能，不仅能够丰富时间币的通用范围，还能够为合作商家、市政交通单位带来固定的客流量，提高合作单位的营业绩效。

其次，时间银行可以寻求与敬老院、医学院、医院、诊所等机构合作。例如组织社区医生联合志愿者定期开展健康理疗、体检等养老服务，在服务项目和服务人员方面达成合作协议，提升社区互助养老服务的专业性，可参照英国 RGTB 的经验与做法。RGTB 通过与当地的医疗机构合作，形成了一支高水平的专业医疗团队，为社区常住的老年人、残障人士提供医疗互助项目，不仅提供专业的医疗互助服务，同时也提供医疗咨询，为服务对象制定科学的疗养方案。

参考文献

[1] 郑红. 互助养老与社区时间货币——应对人口老龄化的金融创新[M]. 北京: 中国经济出版社, 2019.

[2] 张晓红, 郭新保, 李娜, 等. 志愿服务体系研究[M]. 北京: 北京出版社, 2011.

[3] 陈叔红. 养老服务与产业发展[M]. 长沙: 湖南人民出版社, 2007.

[4] 王林森. 城镇居家养老服务供给能力研究[M]. 南京: 南京大学出版社, 2019.

[5] 苏珊·特斯特. 老年人社区照顾的跨国比较[M]. 周向红, 张小明, 译. 北京: 中国社会出版社, 2002.

[6] 今田忠. 日本的NPO史[M]. 日本行政出版社, 2006.

[7] 川口清史. 非营利组织与合作社[M]. 日本经济出版社, 1994.

[8] Salamon&Anheier, 田忠校. 台北的非营利部门[M]. 钻石社, 1996.

[9] 波梁斯基. 外国经济史: 资本主义时代[M]. 郭新吴, 等译. 北京: 生活·读书·新知三联书店, 1963.

[10] 戴维·波普诺. 社会学[M]. 李强, 译. 沈阳: 辽宁人民出版社, 2007.

[11] 雷蒙·阿隆. 社会学主要思潮[M]. 葛志强, 等译. 上海: 上海译文出版社, 1988.

[12] W.D.珀杜. 西方社会学——人物·学派·思想[M]. 贾春增, 译. 石家庄: 河北人民出版社, 1992.

[13] D.P.约翰逊. 社会学理论[M]. 南开大学社会学系, 译. 北京: 国际文化出版公司, 1988.

[14] 马尔科姆·沃特斯. 现代社会学理论[M]. 杨善华, 李康, 等译. 北京: 华夏出版社, 2000.

[15] 乔纳森·H·特纳. 现代西方社会学理论[M]. 范伟达, 主译. 天津: 天津人民出版社, 1988.

[16] 詹姆斯·S.科尔曼. 社会理论的基础（上、下）[M]. 邓方, 译. 北京: 社会科学文献出版社, 2008.
[17] 让·卡泽纳弗. 社会学十大概念[M]. 杨捷, 译, 上海: 上海人民出版社, 2003.
[18] 马克斯·韦伯. 社会学的基本概念[M]. 胡景北, 译. 上海: 上海人民出版社, 2005.
[19] 乔治·H·米德. 十九世纪的思想运动[M]. 陈虎平, 译. 北京: 中国城市出版社, 2003.
[20] 伽达默尔. 哲学解释学[M]. 夏镇平, 译. 上海: 上海译文出版社, 2005.
[21] 伽达默尔. 赞美理论[M]. 夏镇平, 译. 上海: 上海三联书店, 1988.
[22] 沃尔夫冈·凯塞尔. 语言的艺术作品[M]. 陈铨, 译. 上海: 上海译文出版社, 1984.
[23] 布鲁姆. 影响的焦虑[M]. 徐文博, 译. 南京: 江苏教育出版社, 2006.
[24] 贡布里希. 艺术与科学[M]. 范景中, 译. 杭州: 浙江摄影出版社, 1998.
[25] 克洛德·列维 - 斯特劳斯. 野性的思维[M]. 李幼蒸, 译. 北京: 中国人民大学出版社, 2006.
[26] 迈克·费瑟斯通. 消费文化与后现代主义[M]. 刘精明, 译. 南京: 译林出版社, 2000.
[27] 费孝通. 乡土中国[M]. 上海: 上海人民出版社, 2006.
[28] 罗兰·巴特. 神话: 大众文化诠释[M]. 许绮玲, 译. 上海: 上海人民出版社, 1999.
[29] 马克斯·韦伯. 社会科学方法论[M]. 李秋零, 田薇, 译. 北京: 中国人民大学出版社, 1999.
[30] 刘易斯·芒福德. 城市文化[M]. 宋俊岭, 等译. 北京: 中国建筑工业出版社, 2009.
[31] 吴忠, 王为理, 等. 城市文化论[M]. 深圳: 海天出版社, 2014.
[32] 张骁儒, 黄发玉. 国际化城市与深圳方略[M]. 深圳: 海天出版社, 2014.
[33] 王京生. 文化是流动的[M]. 北京: 人民出版社, 2000.
[34] 冯友兰. 中国哲学简史[M]. 北京: 文化发展出版社, 2018.
[35] 杨伯峻. 论语译注[M]. 北京: 中华书局, 2006.
[36] 吴定海, 谢志岿. 深圳密码——迈向社会主义现代化强国的城市范例[M]. 北京: 中国社会科学出版社, 2020.
[37] SEYFANG G, SMITH K. The time of our lives: Using time banking

forneighborhood renewal and community capacity building[M]. London: New Economics Foundation, 2002.

[38] 张培炎. 罗伯特·欧文：构建和谐社会的先行者[J]. 桂海论丛，2005（04）：45–48.

[39] 吕亚荣，李登旺，王嘉悦. 罗奇代尔公平先锋社的百年发展史：1844—1944[J]. 华中农业大学学报（社会科学版），2014（01）：131–138.

[40] 世界各地的“时间银行”怎么做的？[N]. 中国养老研究院，2019.

[41] 李妍焱. 日本志愿领域发展的契机——以阪神大地震对民间志愿组织起到的作用为中心[J]. 中国非营利评论，2008，3（02）：59–81.

[42] 李晓燕，孙林，方萍，陈泳欣. 我国“志愿时间银行”问题研究——现状、问题及对策[J]. 劳动保障世界（理论版），2013（01）.

[43] 许加明.“时间银行”模式应用于居家养老互助服务的思考[J]. 社会工作，2015（01）：74–80，126–127.

[44] 许聪，吴飞. 时间银行：互助养老服务模式的可持续性选择[J]. 南京工程学院学报（社会科学版），2018，18（02）：12–16.

[45] 黄如意，胡善菊. 我国时间银行发展的困境与出路[J]. 中国西部科技，2013，12（09）：84–86.

[46] 付文一. 万鄂湘率民革中央调研组赴深圳调研康养产业发展[N/OL].（2017–03–01）http://www:vmzxb.com.cn/2017-02-28/1368951.shtml?n2m=1.

[47] 解树森. 时间也能存起来？请了解一下深圳养老服务“时间银行”[N/OL].（2018–10–17）http:sohu.com/a/26008024-321029.

[48] JILL MILLER. Teruko Mizushima: Pioneer Trader in Time as a Currency[J]. Intersections: Gender and Sexuality in Asia and the Pacific, 2008.

[49] 赵思凡. “时间银行”引入互助养老服务的实现路径研究[D]. 西北大学，2017.

[50] 许金刚，潘儒. 日本非营利组织发展对中国大学生志愿服务的启示[J]. 文教资料，2009（14）：95–96.

[51] 邓志锋. 关于我国助老服务“时间银行”建设的思考[J]. 南京人口管理干部学院学报，2012（04）：17–21+43.

[52] CARROLL J. M.（2013）Co–production Scenarios for Mobile Time Banking. In: Dittrich Y., Burnett M., Mørch A., Redmiles D.（eds）End–

User Development. IS-EUD 2013. Lecture Notes in Computer Science, vol 7897. Springer, Berlin, Heidelberg.

[53] 李明，曹海军. 老龄化背景下国外时间银行的发展及其对我国互助养老的启示[J]. 国外社会科学，2019（1）：12-19.

[54] 陈成文，孙秀兰. 社区老年服务：英、美、日三国的实践模式及其启示[J]. 社会主义研究，2010（01）：116-120.

[55] GILL SEYFANG. Harnessing the potential of the social economy? Time banks and UK public policy [J]. International Journal of Sociology and Social Policy, 2006, 26（9/10）：430-443.

[56] 英国时间银行官方网站[EB/OL]. http: //timebank. org. uk/.

[57] 金华宝. 发达国家互助养老的典型模式与经验借鉴[J]. 山东社会科学，2019（2）：52-58.

[58] 刘永强. 可存储　可兑换　可持续　赣州市章贡区搭建“时间银行”养老服务新模式[J]. 中国社会工作，2018（29）：39-40.

[59] 梁丽娟，李菲菲. 时间银行——中国志愿服务模式优化的新路径[J]. 理论界，2014（03）：75-77.

[60] 凌瑾. 以时间银行引领志愿服务新模式——由英国时间银行说开去[J]. 湖北经济学院学报（人文社会科学版），2018，15（10）：77-79.

[61] EDGAR S CAHN. Time dollars, work and community: from ‘why?’ to ‘why not?’ [J]. Futuves 1999, 31（5）：499-509.

[62] EDGAR S CAHN. Community currency in the United States: The social environments in which it emerges and survives[J]. Environment and Planning A. 2005, 37（9）：1565-1588.

[63] LASKER J, COLLOME, BEALERT, etal. TimeBanking and Health: The Role of a Community Currency Organization in Enhancing Well-being [J]. Health Promot Pract, 2011, 12（1）: 102-115.

[64] V LEKAL, JA`S KOV V. TimeBank and Sustainability: The Permaculture Approach [J]. Procedia-Social and Behavioral Sciences, 2013, 92: 986-991.

[65] 康广地. 姚坊门时间银行养老模式问题对策研究[D]. 燕山大学，2018.

[66] 夏珏滢. 对我国设立养老互助时间银行的可行性探索[J]. 中国商论，2020（02）：228-229.

[67] 佟才录. 在瑞士，“时间银行”能养老[J]. 党的生活（黑龙江），2016（06）：45.

[68] 杨宜勇，李爽，张本波，等. 瑞士应对人口老龄化的措施与启示[J]. 中国发展观察，2018（15）：57–59.

[69] 李重阳. 石家庄市低龄老年人“时间银行”互助养老参与意愿研究[D]. 河北经贸大学，2019.

[70] 王洪斌. 德国养老服务体系的历史分析及经验研究[J]. 社会福利（理论版），2020（01）：3–8，12.

[71] 程成. 基于时间银行的居家互助养老模式研究[D]. 西安建筑科技大学，2015.

[72] 马路遥，顾海云，张田，等. 建立“时间银行”打造“多代公寓”[J]. 老年世界，2017（08）：28–30.

[73] 胡超凡. 社会公平视域下俄罗斯养老保障制度改革及启示[D]. 哈尔滨商业大学，2015.

[74] 陈文辉. 建立多支柱的养老保障体系——俄罗斯、波兰的养老保障体系及其启示[J]. 中国金融，2008（08）：13–15.

[75] SHMIDT, M.（2020），“Participants” interaction with sharing economy platforms in Russia[J]. Information Technology & People，33（3）：897–917.

[76] 卓娅·斯韦托娃，江于. 俄罗斯兴起“时间银行”[J]. 金融博览，2009（07）：36.

[77] VALEK L. Time banks in Russia: Filling an empty gap in time bank research，Tradition and Reform[C]// Tradition and Reform. 2nd edition. Social reconstruction of Europe，2013.

[78] 李熙. 回顾希腊债务危机“光辉历程”[EB/OL]. http：//news. 163. com/special/reviews/greecebailout0714. html.

[79] 阮进操，高世英，高越英. 希腊债务危机的演变回顾[J]. 中国市场，2016（01）：120–121.

[80] EFFIE AMANATIDOU，GIORGOS GRITZAS，KAROLOS IOSIF KAVOULAKOS，et al. Time banks，co–production and foresight: intertwined towards an alternative future. Foresight，2015，17（4）：308–331.

[81] CRETNEY，R. M.（n. d.）. Local responses to disaster: The value of community led post disaster response action in a resilience framework. Disaster Prevention and Management，25（1）：27–40.

[82] 杨同宇，武冬双. 社区交易系统与可持续消费[J]. 生态经济（学术版），2007

（02）：27–30.

[83] EMMA MCGUIRK. Timebanking in New Zealand as a prefigurative strategy within a wider degrowth movement [J]. Journal of Political Ecology, 2017, 24（1）：595–609.

[84] 林清清，穗卫健宣. 广州60岁及以上人口超175万[N]. 羊城晚报，2020–11–10（A5）.

[85] 张薇. 广州设"时间银行"十二年 老人爱心传递传美谈[EB/OL].（2011–04–20）[2011–11–10]https：//news. qq. com/a/20110420/001167. htm.

[86] 当时间变成金钱：南沙"时间银行"成效好，服务居民上万次[EB/OL].（2018–05–13）https：//www. sohu. com/a/231422114_667991.

[87] 秦松. 广州市南沙区推出"时间银行"探索"互联网+"服务新模式[EB/OL].（2018–10–17） https：//www. thepaper. cn/newsDetail_forward_2537848.

[88] 陈功. 中国特色时间银行案例集——基于13个省市38家机构的个案分析[R]. 北京：北京大学人口研究所时间银行课题组，2019–11.

[89] 马泽望，廖培金. 广州"时间银行"累计志愿服务时数67.96万小时[EB/OL]. 信息时报，2020–11–11[2021–07–10]https：//www.xxsb.com/content/2020-11/11/content_126064.html.

[90] 黄艳，廖培金."耆望成真"微心愿公益服务上线[EB/OL].http://k.sina.com.cn/article_1750553234_6857529202000u8fi.html?from=news&subch=onews，2020–7–2.

[91] 李文婧. 长沙县：在"时间银行"，志愿者可存服务时间享免费服务[EB/OL].（2016–03–11）[2020–08–11]http：//hun. wenming. cn/zyfw/201603/t20160311_3205119. html.

[92] 李姗，付一纯. 武汉百步亭推出"时间银行"奖励社区志愿服务[EB/OL].（2015–10–27）[2020–08–11]http：//www. wenming. cn/syjj/dfcz/hb_1679/201510/t20151027_2932998. shtml.

[93] 南京有家"时间银行"[EB/OL].（2007–09–18）[2020–10–11]http：//jrzb. zjol. com. cn/html/2007–09/18/content_2786150. htm.

[94] 陈学东. 绿康时间银行2.0发布，让参与者的爱心都具价值，可储存兑换[EB/OL].（2019–06–18）[2020–11–10]https：//baijiahao. baidu. com/s?id=1636668444141612594&wfr=spider&for=pc.